ＮＨＫと共に七〇年

わが回想の九〇年

長澤泰治

藤原書店

ＮＨＫ歴代会長と共に

初代会長　岩原謙三

第２代会長　小森七郎

第８代会長　野村秀雄

藍綬褒章受章祝賀会で第６代
古垣鐵郎会長の挨拶を受ける
（1977 年　62 歳）

逓信事業功績者に贈られる
前島賞を受賞
第 11 代　小野吉郎会長と
（1982 年　67 歳）

第 12 代　坂本朝一会長と（1980 年　65 歳）

霞山会会長 近衛通隆氏と
（2001 年 86 歳）

第 16 代 川口幹夫会長と
（2003 年 88 歳）

ゆかりの方々との思い出

済生会総裁 高松宮殿下とゴルフを楽しむ（1985 年 70 歳）

ＮＨＫ草創期を歩む

メルボルン・オリンピック放送団長として
（1956 年 41 歳）

実況課長の頃
（1946 年 31 歳）

志村正順アナ（右）、松内則三アナ（左）と（1955 年 40 歳頃）

ＮＨＫの現場にて

紅白歌合戦　審査委員長として（中央）
（1961 年 46 歳）

芸能局長就任挨拶
（1961 年 46 歳）

第１回大河ドラマ「花の生涯」（1963 年）
尾上松緑と淡島千景（写真提供：ＮＨＫ）

連続ドラマ「バス通り裏」 スタッフ、キャストと共に（著者前列中央）
（1963 年 48 歳）

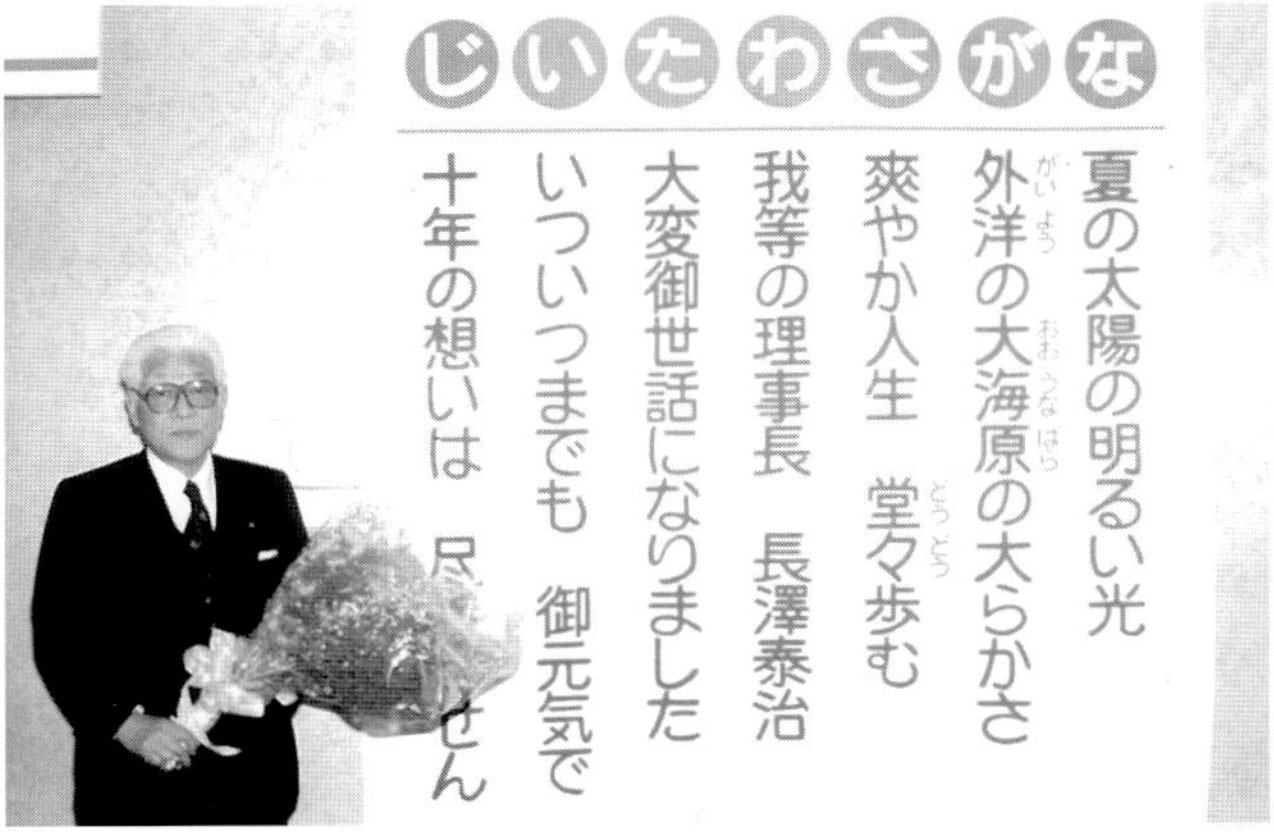
ながさわたいじ
夏の太陽の明るい光
外洋《がいよう》の大海原《おおうなばら》の大らかさ
爽やか人生　堂々《どうどう》歩む
我等の理事長　長澤泰治
大変御世話になりました
いついつまでも　御元気で
十年の想いは　尽 せん

ＮＨＫサービスセンター退任（1983 年 68 歳）

藍綬褒章受章

藍綬褒章受章パーティ　志賀正信氏と（赤坂プリンスホテル）
（1977 年 62 歳）

ゲストの佐良直美にマイクを
向けられて

ＮＨＫを離れて

ホールインワンと米寿を祝う
記念ゴルフ大会
（2003 年 9 月 30 日 88 歳）

高松宮から拝領の福禄寿の木彫り
（飛騨高山名匠、山村佐藤兵衛の作）

「木彫の前に正座する
なんともありがたいおだやかな
気持ちになる」

著者近影——仲間とともに

井の頭公園にて（2006 年 91 歳）

長澤さん、いつまでたってもお元気で！
――序にかえて――

元ＮＨＫ会長　川口幹夫

私は大正十五（一九二六）年生まれ、長澤さんは大正四（一九一五）年のお生まれだから、いつまでたってもその差は十一歳である。

いつか追い越してやろうと思っていたが絶対追い越せない。そう思ってからでも、もう何十年になる。今はもうとっくに諦めた。もちろん年齢では追い越せるはずがない。何年たっても長澤さんは十一歳年上だ。

健康さ、これはまったく歯が立たない。もちろん、長澤さんだって病気はなさる。体中にメスが入った。脳の中まで立ち割られた。だが平気で元の体に戻られた。

洞察力、実行力、はじめから勝てるわけがない。マージャン、競馬、そしてゴルフ、少しは立ち向かえると思ったが、トンデモない。すべて私の連戦連敗だ。

参った、完敗です！

お許しください。もう歯向かいません！

長澤さん、九十二歳、私、八十一歳、残念ながら全面降伏しよう。

そう思うとラクになった。長澤さんにかなう筈がない！　恐れ入りました！

川口幹夫八十一歳の心境である。

テレビ屋になろうと思ってＮＨＫに入ったわけではない。なにかの間違いでテレビ音楽のプロデューサーになった。その時すでに長澤さんは芸能局長だった。

以来、ウン十年！　私の前には長澤さんがいた。この人を頼り、この人に師事し、この人を信仰し、そして今も尚、長澤さんにべったりだ。私にとっての信仰！　それが長澤さんだ。感謝あるのみ。

長澤さん、本当にありがとうございました。

どうかいつまでもお元気で！

NHKと共に七〇年——目次

ＮＨＫと共に七〇年

――わが回想の九〇年

はじめに

ＮＨＫ入局はいつでしたかとよく聞かれる。

入局は二・二六事件の年、昭和十一（一九三六）年春である。大正十四（一九二五）年三月に放送が始まって一二年目、今からちょうど七二年前である。日中戦争はその一年後に始まっている。

今年で九十三歳を迎える。

数年前から、回想録を書きませんかと何人かに勧められた。貴重な放送裏面史になりますよと言われても何か気乗りしなかった。聞く人が聞けば、飛び上がって驚くような秘話がないではない。しかしそんなものが二つや三つあったからといって、裏面史にはならない。独りよがりの暴露記事などはもってのほかである。

戦前戦後を通じて、多少皆の知らないことを見てはいる。といって一芸に秀でて、十年一剣を磨くような修行をした訳でもない。

NHKでは、技術とアナウンサーを除けば、ほとんどすべての部門を経験した。本当に目まぐるしく仕事も変わり、それぞれ私なりに全力投球した。

入局して経理部門に配属になったが翌年、甲種合格で千葉の連隊に入隊。まもなく北満に派遣され、ノモンハン戦線にも参加、幹部候補生あがりの陸軍中尉になる。除隊後、報道部門に転じ、陸軍宣伝班員として、シンガポール攻略戦に従軍。戦後間もなく実況課長として、「街頭録音」「尋ね人」などにかかわり、視聴者参加番組のさきがけを作った。

その後、演出課長、社会課長、大阪中央放送局放送部長を経て、東京本部の社会部長として「時の動き」「国会中継」「放送討論会」などの番組を手がけ、またメルボルン・オリンピック放送団長を務めた。

次に、札幌中央放送局長として北海道ローカルサービスに力を尽くしたが、まもなく本部に呼び戻され、編成局の「編成総務」という新設のポストで、会長と現場を結ぶ番組編成の最終調整役を担う。その後、芸能局長の辞令を受け、「紅白歌合戦」に取り組み、大河ドラマを創設、「花の生涯」を作った。

一転して、営業局長として受信料収納の責任者となり、人海戦術をとる受信料収納に、はじめて銀行口座自動振替システムを導入した。その間、役員を拝命し、理事、専務理事として人事労務や長期計画を担当した。

我ながら、本当に雑草人生をよくも歩んできたものだと思う。

ＮＨＫ役員の任期満了後は、ＮＨＫ交響楽団の理事長、ＮＨＫサービスセンターの理事長を務めた。この間、宇都宮に近い北関東の茂木町に、関東国際ゴルフカントリークラブを作って会長、理事長になった。一方で、自然を相手に蜂蜜を採集したり、舟を浮かべて伊勢海老を釣る生活を目ざし、早稲田時代の友人の渡辺篤君と株式会社伊豆自然郷を作って会長に就任した。

七十歳の時、恩賜財団済生会理事長として総裁の高松宮殿下、そして妃殿下に仕えた。

目下、地元荻窪で極楽とんぼの生活を送っている。

私なりに、雑草人生を振り返ってみると、「人生幾山河」の感慨を禁じえないものがある。

ＮＨＫの卒業生の中で、九十歳を越えて健在な人はそうはいないだろう。そう考え、もしそうなら、放送史のささやかな証言者顔をしてもいいのかなと思ってみたこともある。ちなみに旧友会に頼んで調べてもらうと、なんと九十歳以上で現存している卒業生は全国で一〇〇人を越えていると聞いて、九十歳ではまだ威張れないと悟った。今、ＮＨＫのＯＢで最年長は淵脇トシさん百三歳とのことである。管理畑の先輩で、私としては大変お世話になった人である。いっそうのご自愛を祈念している。

雑草の特色は踏まれても平気なこと、「根よくしのべ福寿草」という言葉がある。どこで種をまいても、芽を出し花が咲く。体が弱くて運が悪くては務まらない。実際人一倍幸運、いや強運であった。何度か命拾いをしている。

北満に渡り、「匪賊」討伐に参加した時のことである。一緒にいた戦友の小川中尉が私の耳のすぐ横で、銃弾に当たって即死した。私との距離は一〇センチ。なぜ私でなく彼なのか。

昭和十八（一九四三）年、北千島の取材に出かけた。「高島丸」が米軍の魚雷に何度か狙われた。幸い砕氷船だったことから魚雷が船の下を通り抜けていった。

船は私たちを降ろした後、帰路、今度はまともに魚雷の襲撃を受けて沈没したと聞いた。なぜ魚雷は私が乗っている時は空振りで、降りてから命中するのか。強運としか言いようがない。

人様との出会いにおいても、縁の大切さを感じていた私は、節目節目に人に助けられた。

東京の荻窪に生まれ荻窪で育った私は、母の溺愛の中で成長し、勝手気ままに生きる甘ったれ小僧だった。ＮＨＫに入局して最初の出会いが、配属された経理部の中村寅市部長だった。この人には徹底的に鍛えられ、箸の上げ下ろしから、人間の生きる道まで教わった。

この人無しには私の人生はない。

話が変わるが、報道現場に移って、最初の仕事が当時の松岡洋右外務大臣のインタビューである。日独伊三国同盟を結んで得意の絶頂にあった時である。当然警備も厳重なはずである。

しかし私は難なく立川空港のゲートを通り、到着したばかりの飛行機のタラップを駆け上り、扉を開けて、機内に腰かけている松岡外務大臣にマイクを向けることができた。奇跡というか、幸運としか言いようがない。

さらに健康面では、七十代になって二度の大病を経験した。胃ガンと脳腫瘍である。特に脳腫瘍の手術では四日間人事不省、奇跡的に生き返った。

それから二〇年ほど経って、平成十八（二〇〇六）年の暮れ、大腸ガンに襲われ、四四日の入院の上、無事退院し、健康を取り戻すことができた。しかし平成十九（二〇〇七）年暮れになって腸閉塞で入院、目下、食餌療法をはじめ元気回復を図っている。

話は飛ぶが、平成十四（二〇〇二）年三月、武蔵カントリークラブ豊岡コースでホールインワンを達成した時は嬉しかった。NHK芸能OB会主催のゴルフコンペであった。八十八歳のホールインワンはとりわけ貴重で、私は手放しで喜んだ。

私がNHKに入局したのは、初代会長の岩原謙三《いわはらけんぞう》氏の時だった。今の福地茂雄《ふくちしげお》会長は第十九代である。十九人をすべて熟知してはいないが、少なくともその三分の二は謦咳に接している。ずいぶん私も長く生きたものだと思う。代々の会長を見てきて、トップたるものは才と識と徳が必要だが、三つを兼ね備えるのは至難なことだとしみじみ思う。

中でも一番大事なのは徳だと思う。名前を出して恐縮だが、徳という点では、第八代の野村秀雄《のむらひでお》会長が群を抜いていた。歴代会長の中には、必ずしも私と波長が合うとは限らない人もいたし、縁の薄い人もいた。しかしここ一番という時は私を理解し励ましてくれる会長がいたのもありがたいご縁だった。

あれこれ考えてみると、九十歳を越えてしまったが、遅ればせながら何か書き残す責任のようなものもあるようにだんだんと思えてくる。

私は放送史や裏面史を書こうとは思わない。長澤泰治という一人の人間が見、体験した、独断と偏見による歴史の一コマを書き残したいと思うだけである。どちらかというと、雑草人生の記録である。今の言葉で言えば自分史である。

ＮＨＫは今きびしい状況にある。四年前の不祥事の後の不払い問題が、やっと減少に向かいはじめていた矢先の、先般の経済情報を悪用した不祥事は誠に残念である。報道機関に携わる人間としてもっとも恥ずかしい許しがたい行為である。福地新会長はこうした問題を含めてＮＨＫの信頼回復に全力を尽くしていただきたい。その際、ＮＨＫの職場全体が倫理観を喪失し、なべて救いがたい状況にあるといった見方には立たないで欲しい。大部分の職員は公共放送の担い手として、懸命に努力をしていると私は信じているし、実際そうだろうと思う。

信頼回復は一時の猶予のない課題であるがそのことを掲げるあまり、職員が卑屈になり、言うべきことも言わない職場になっては元も子もなくなる。

またこれを機会にＮＨＫに対する国家権力を強めるような動きに対しては断固抵抗して欲しい。また抵抗できるだけの公共放送に対する知識、見識を早急に養って欲しい。

福地新会長は就任の記者会見で、ＮＨＫの信頼回復を最優先課題として取り組むと述べている。その限りでは誠に同感である。恐らく誰が会長に就任しても、同じような趣旨を述べたことと思う。

問題は公共放送のリーダーとして、何をなそうとしているかである。

新会長は、株式会社のトップとして優れて有能な経営者だったろうと思うが、公共放送についてはまったくの素人と考えるべきであり、この謙虚な気持ちを常に持ち続け、八〇年の歴史が蓄積した放送事業の何たるかを、多くの放送人から学ぶべきである。

もしもこのような努力がなされなかった場合は、ＮＨＫの信頼回復も内部の改革も精神論にとどまり、実を伴うことが難しいと思う。

また今後、長期計画の策定に当たって、公共放送の事業範囲や規模などについても、ＮＨＫ自身の考えを持ち、世に問うべきである。黙って風の吹き去るのを待つような姿勢はやめて欲しい。最近の番組は悪くない。努力の跡が見えてきている。ならば、ＮＨＫから湧き上がるような新たなメッセージが欲しい。それも早く欲しい。それができないようでは、会長が替わった意味がない。ＮＨＫ自らが己の姿を描かずして誰が描くのか。すでにＮＨＫは具体策を持っているのだろうか。視聴者の耳に届いていないだけかもしれない。しかしそれでいいのか。

今ＮＨＫを取り巻く状況は、我々の想像をはるかに越えている。その中にあって、現役の諸君は精一杯力を尽くしているのだとは思う。しかし視聴者の我々に見えてこないもどかしさのあることも知って欲しい。

第一章　歴代ＮＨＫ会長を思う

1　歴代会長に仕えて

二・二六事件の年、世情騒然とした中でのＮＨＫ入局

私がＮＨＫに入ったのは昭和十一（一九三六）年、二・二六事件のあった年である。日中戦争はその次の年に始まっている。

昭和十一年二月二十六日、東京は早朝から時ならぬ大雪だった。

雪の中を、突然首都東京を襲った昭和史の中の最大の事件、青年将校を中心とした軍隊を動員しての現職大臣ら三人の射殺、君側の奸を斬るとしたクーデター行動は日本中を震撼させたが、この二・二六事件は私の住んでいた東京の郊外、荻窪にも及んでいた。

荻窪の私の家のすぐ近くに、この日青年将校によって射殺された教育総監、渡辺錠太郎大将の家があった。

二月二十六日早朝、軽機関銃を持った兵隊がどかどかと、渡辺大将の家に入り家人に大将との面会を求めた。二階から玄関に下りてきて何事かを告げられた大将は、問答無用といって二階に駆け上がるのを後ろから機関銃で撃たれほとんど即死に近いものだった。

この話は、その日交番のおまわりさんが私の家に来て、父と碁を打ちながら話していたことで鮮明に覚えている。

渡辺錠太郎大将は愛知県出身、明治二十九（一八九六）年に陸軍士官学校を卒業、日露戦役に従軍、大本営参謀、オランダ公使館付武官、陸軍大学校長、第七師団長などを経て軍事参議官、陸軍教育総監に就任した。渡辺はヨーロッパ流のリベラル派の教養人であり、皇道派青年将校の恨みを買っていたといわれていた。

私には何のことか分からなかったが、荻窪一帯はただならぬ緊張感に包まれていた。

一カ月後の三月、早稲田大学専門部商科を卒業する予定だった私は、何もなければ父が世話してくれた地元の村役場か農協に就職するところだった。

当時の国際情勢は年々緊迫の度を加えていた。昭和六（一九三一）年の満州事変勃発、翌年の満州国設立以来、アメリカやイギリス、ソ連など列強による日本封じ込めが年々圧力を増し、関東大震災以来やっと復興が緒につき、平和を取り戻していた首都東京は、二・二六事件の銃砲によって一気に静けさが破られた感があった。

世情騒然とした時代の足音は若い私の血を沸き立たせた。父が用意してくれた地元での就職を断り、新聞放送といったマスコミ志向に傾いていったのも、このような状況によるものだった。マスコミといっても、今のように企業の情報があるわけではなく、私は義兄の友人がＮＨＫの加入課長をしていたことから、その人を頼りＮＨＫを受験することになり、運良く合格した。

当時ＮＨＫの放送現場は愛宕山にあったことは皆知っているが、役員室や総務、経理などの本部機能が日比谷公園の中の市政会館にあったことはあまり知られていない。

市政会館は東京市長だった後藤新平の発案である市政調査会のためのビルだった。後藤新平の考えに共鳴した安田財閥の安田善次郎が日比谷公会堂に付設する会館として、三五〇万円を寄付したことにより実現したものだった。

昭和四（一九二九）年の竣工である。今も日比谷公園の一角を占める市政会館は、その頃は近代ゴチック建築を代表する茶褐色のタイル張りで、その壮麗な建築は周囲を圧倒する建物だった。

入局してすぐ経理部に配属されたが、経理部もまたこの市政会館にあった。

荻窪から省線に乗って新橋で降りる通勤コースは快適だった。竣工して間もない国会議事堂や霞ヶ関の官公庁をすぐ間近に感じながら、燃えるような初夏の緑に包まれた日比谷公園を目指した。当時まだ東京の郊外だった荻窪から日比谷に通勤するだけで、心が華やぐものがあった。

入局した時は初代会長、岩原謙三であった。岩原氏は大正十五（一九二六）年、初代の会長となった人だから、一一年間会長の座にあったことになる。

歴代の会長に仕えてみて感ずることは、ＮＨＫの会長は世間が想像するより、はるかに大変で、多方面にわたる能力を必要とし、とにかく厳しく辛い仕事だと思っている。仕事の分野を見ても、ＮＨＫは言論報道機関であると同時に、娯楽エンターテインメント機関である。はたまた文化教育情報機関でもある。このような事業は他に例を見ないのではないか。

ＮＨＫの特異性は突き詰めて言えば、公共放送を支える受信料制度に由来する。全国の受信者が負担する受信料で支えられているという、他に類を見ない企業の性格から来ている。

ＮＨＫには、受信者から、毎日のように数多くの、相反する注文が殺到する。視聴率を気にせず良い番組を作って欲しいという強い要望がある一方で、視聴率が低すぎると、多くの人に見てもらう努力が足りないと叱られる。公共放送は利益を追求してはいけないと言われる一方で、副次収入を拡大する企業努力が足りないと責められる。

時代によって、公共性が強く求められる時と、企業努力に力点がかかる時がある。二つのことを同じようにやれば支持されるかと言えば、八方美人はダメ、力点を明確にすべきという意見もある。一体、どうすればいいのだという気持ちになることもあるだろう。

しかし泣き言を言ってはならない。今こそ、これらをすべて飲み込んだ会長としての見識と強力なリーダーシップが強く求められる。公共放送の運営は会長一人で行うものではないことはもちろんであるが、会長の見識や人格に負う部分の多い事業体であることも事実である。

歴代の会長も人間だから得手不得手もあり、かなり辛い状況に立たされた人もいた。また率直に言って、いささか安易に引き受けた人もなしとしなかった。このことについては、後述する歴代会長論で触れる。

初代NHK総裁・後藤新平、そして近衛文麿

放送局の設立当初、会長の上に総裁を置いた時代があった。初代総裁は後藤新平である。後藤新平は岩手県出身で台湾の民政長官や満鉄総裁、逓信、内務、外務の各大臣、東京市長を歴任した大物政治家である。

世界最初のラジオ放送は日本がはじめる二年ほど前、アメリカにおいて始まっていたらしい。日本ではまだほとんど関心のなかった大正の頃、後藤新平はすでに深い関心を持ち、機会あれば「講演でも音楽でも全国の人が同時に聞くことができて、その設備も比較的に安価である」と語っていたという。

無線通信に対する造詣の深さと先見性と卓越した指導力、それに無類の新しもの好きの後藤の総裁はまさに適役だったらしい。

東京港区の愛宕山にNHK放送博物館がある。ここは大正十四（一九二五）年から昭和十四（一九三九）年まで東京放送局のあった地である。

博物館の一角に彫刻家、朝倉文夫氏の作になる後藤新平の胸像がある。その撰文に「社団法人東京放送局は創始わずかに一年有半にして聴取者二十万に達し、ついに全国鉱石化の基礎をなせり。これもとより総裁たる君の声望と指導に負うところ、その多に因る」とある。

大正十四年、芝浦仮放送所から電波を出した時、後藤新平は将来の放送について次のような挨拶をしている。

　現代における光輝である。これを精妙に活用するなら、将来の社会に重大な価値を与え、民衆の生活の枢機を握るに至るであろう。

まさに今日の放送の役割を端的に言い当てている。

後藤はまた、放送事業の職能をいくつかに分けて考察している。今読んでも味わい深いものがある。要旨だけ紹介すると、

第一に「文化の機会均等」を掲げ、ラジオは都市や老若男女、あるいは階級の区別を超えて、あたかも空気や光線のごとく、電波の恩を均等に提供するものだといっている。

第二に、家庭生活の革新につながるとして、従来の家庭は飲食と就寝が中心で、娯楽は外に求めていたが、今や電波の力により、家庭において娯楽を楽しみ一家団欒を享受できるようになる。

第三の教育の社会化では、各種の学術知識を提供する方法としては、放送による教育は、今の

講堂教育の及ぶところではないことを挙げ、最後に放送による株式市況はもちろん、各種の経済情報により経済は飛躍的に発展することを強調している。

後藤新平は旧幕府側、現在の岩手県の陸奥水沢藩士の家に生まれ、薩長閥が幅を利かす明治の新政府で頭角を現すという希な人だった。気宇壮大、先見の明があり、世に大風呂敷といわれた。ちなみに平成十九（二〇〇七）年は生誕一五〇周年に当たり、平成二十一（二〇〇九）年は没後八〇年になる。

今、テレビは最盛期を迎えているとはいえ、業界全体がテレビの役割、将来について、後藤新平のような明確なビジョンを持って推進しているとは思えない。とりわけ娯楽偏重、視聴率優先路線はとどまるところを知らず、公共の電波を使っているという自覚に乏しいといわざるを得ない。

あるテレビ会社の幹部がこんなことを話していたことがある。

「量から質の時代に入っていることは百も承知しているんです。しかしとにかく利益を上げてやれている今の路線を変えて、失敗でもしたら大変だ。路線変更は経営者としてリスクが大き過ぎることから、変更する勇気がない。誰かが走り出してうまく行くようだったらその時路線変更する。一番手になりたくない、二番手でいい。恥ずかしいがこれが本心でしょうね」

これがもし本当なら、今の放送界は憂うべき状態といわざるを得ない。少なくとも放送局も広告代理店もスポンサーも、何と言われようと儲かっている今の路線を本心は変えたくない。変える勇気もない。またそんな現状に対し、本気で文句を言う声が国民の中から湧き出ないのも不思議といえば不思議である。

ところで藤原書店発行の『〈決定版〉正伝　後藤新平』（全八巻＋別巻一、二〇〇六年）によると、後藤が総裁に就任した後、大正十五（一九二六）年、東京・大阪・名古屋の各放送局が統合されて、新たに社団法人日本放送協会が設立されたが、新役員全員が逓信省の天下りだと知ると、官主導の放送局にすっかり興味を失い、ほどなく総裁を辞任している。

後藤新平の後、NHKの総裁は空席のままだったが、昭和十一（一九三六）年九月、公爵近衛文麿が総裁に就任した。近衛が総理大臣になる一年前である。この間、初代の岩原謙三会長が一一年間会長の座にあった。

会長の上に総裁を置いたのは、放送事業が単なる一企業ではなく、社会的に極めて重要な存在であることを人事で示すためと思われるが、長い間空席だった総裁が昭和十一年になって復活したのは、やはり国家としての情報統制が重要になったからと推測される。

近衛は昭和二十（一九四五）年十二月、マッカーサー指令部によりA級戦犯に指名されたその日の朝、服毒自殺を遂げたことは有名な話である。それまで近衛はNHKの総裁だった。

なお総裁はこれ以後置かれていない。昭和二十一（一九四六）年の定款改正で、総裁制は廃止されている。

昭和二十五年にできた今の放送法

昭和二十五（一九五〇）年の新しい放送法において、執行部の上に、ＮＨＫの最高意思決定機関として、経営委員会設置が法制化された。

経営委員は総理大臣が任命する国会承認人事とし、経営委員長は経営委員の互選で決まることになっているが、実際は総理の人事案件と見られている。

経営委員会はＮＨＫの執行部に対する指導監督の役割を担い、ＮＨＫ会長は経営委員会が任命することが明記されている。

しかし先般の会長人事に見るように、視聴者の立場から見ると、審議内容や会長選定の経過には不透明な部分が多く、そもそも経営委員長の任命方法を含めて、まったく視聴者不在といわざるを得ない。

果たして政府主導のこの制度が不偏不党中立を生命とする公共放送にとって最善な制度なのか、今まで国民の中で、あるいはメディアの中で論議を呼ばなかったのが不思議なくらいである。

放送法の中の最大の柱は受信料制度である。ＮＨＫの経営は全国の視聴者が負担する受信料によって支えられることが明記されている。しかし罰則がないことから不払いを許容する制度であるとの見方もあり、今までも何度か一部修正の動きがあったところである。

受信料の契約についても、例えば、ホテルの各部屋にテレビが設置されている場合でも、踏み込んで正確な台数を捕捉する権限はなく、相手の申告をそのまま信じるしかない。その結果生ずる実態との乖離についてはＮＨＫに矛先がいく。ＮＨＫは何をやっているのかとの批判となる。制度として納得しがたい部分である。

また放送法は全国の視聴者に代わって、予算、事業計画の国会承認を義務付けている。これも制度論としては明快で立派だが、見方を変えれば、ＮＨＫ予算を政治の手に委ねることであり、政治的な介入を招きやすい制度と見られないこともない。

今や携帯電話でテレビを見ることができる時代に入っている。この携帯電話のテレビは現実には受信料の対象外である。昭和二十五年にできた放送法は制度疲労というか、時代遅れの感なしとしない。

日本がまだ占領中、放送の中立を維持するため、放送委員会という政府から距離を置いた機関を設置して、この機関に会長の任命など、ＮＨＫ経営の重要事項を委ねたことがあった。占領が終わってこの制度も廃止になり、今の経営委員会がこの放送委員会に取って代わったものであるが、最近のように官主導が強くなると、制度そのものにも問題があると思わざるを得ない。

ＮＨＫ会長は十一代目までは、ＮＨＫ以外の外部から来ていた。逓信省と朝日新聞社が多かった。ＮＨＫ生え抜きが会長になるのは、昭和五十一（一九七六）年、第十二代の坂本朝一《さかもとともかず》がはじめてで、ＮＨＫ設立以来、実に五〇年の間は外部からの会長だったことになる。

その後、第十三代の生え抜きの川原正人《かわはらまさと》会長の後、三井物産の社長だった池田芳蔵《いけだよしぞう》が一年足らずの会長だったことを除けば、この後の十五代島桂次《しまけいじ》、十六代川口幹夫《かわぐちみきお》、十七代海老沢勝二《えびさわかつじ》、十八代橋本元一《はしもとげんいち》と生え抜きが続き、今度会長になった福地茂雄氏は約二〇年ぶりの外部からの起用である。

一概に外部からの会長がいけないとは思わないが、経営委員長も会長も株式会社のトップ出身というのは、誰が見ても知恵のない話ではないのか。

一九人の会長については、深いご縁のあった人、親しく指導を受けた人、ほとんどご縁のなかった人まで様々である。したがって一九人すべてを紹介することは難しい。そこで一九人の会長の中から、初代岩原謙三、二代小森七郎《こもりしちろう》、六代古垣鐵郎《ふるかきてつろう》、八代野村秀雄、十代前田義徳《まえだよしのり》、十一代小野吉郎《おのきちろう》、十二代坂本朝一の七人を選んでその横顔を書いてみたい。

2　歴代会長を思う

歴代会長一覧

初　代	**岩原謙三**	大正十五年八月〜昭和十一年七月	芝浦製作所社長
二　代	**小森七郎**	昭和十一年九月〜昭和十八年五月	逓信省
三　代	**下村宏**《しもむらひろし》	昭和十八年五月〜昭和二十年四月	朝日新聞
四　代	**大橋八郎**《おおはしはちろう》	昭和二十年四月〜昭和二十一年二月	逓信省次官
五　代	**高野岩三郎**《たかのいわさぶろう》	昭和二十一年四月〜昭和二十四年四月	大原社会問題研究所長
六　代	**古垣鐵郎**	昭和二十四年五月〜昭和三十一年六月	朝日新聞
七　代	**永田清**《ながたきよし》	昭和三十一年六月〜昭和三十二年十一月	慶應義塾大学教授
八　代	**野村秀雄**	昭和三十三年一月〜昭和三十五年十月	朝日新聞
九　代	**阿部真之助**《あべしんのすけ》	昭和三十五年十月〜昭和三十九年七月	毎日新聞
十　代	**前田義徳**	昭和三十九年七月〜昭和四十八年七月	朝日新聞
十一代	**小野吉郎**	昭和四十八年七月〜昭和五十一年九月	郵政省次官
十二代	**坂本朝一**	昭和五十一年九月〜昭和五十七年七月	ＮＨＫ出身

十三代　川原正人　昭和五十七年七月〜昭和六十三年七月　ＮＨＫ出身
十四代　池田芳蔵　昭和六十三年七月〜平成元年四月　三井物産相談役
十五代　島桂次　平成元年四月〜平成三年七月　ＮＨＫ出身
十六代　川口幹夫　平成三年七月〜平成九年七月　ＮＨＫ出身
十七代　海老沢勝二　平成九年七月〜平成十七年一月　ＮＨＫ出身
十八代　橋本元一　平成十七年一月〜平成二十年一月　ＮＨＫ出身
十九代　福地茂雄　平成二十年一月〜　アサヒビール相談役

初代　岩原謙三――実業家出身の会長

大正十五年八月〜昭和十一年七月

日本放送協会の初代会長、岩原謙三氏は東京高等商船学校を出て、三井物産常務取締役、芝浦製作所の社長や台湾製糖などいくつかの社長を兼ねていた実業家である。岩原氏は昭和十一（一九三六）年まで会長を務めた。

日本放送協会に先立って、社団法人東京放送局が設立されたのが大正十三（一九二四）年である。総裁は渋沢栄一の推挙で、後藤新平が就任し、理事長に後藤の推薦で岩原謙三が選出された。東京放送局は翌々年、大阪、名古屋の放送局を統合した日本放送協会になり、初代会長に東京放送局理事長の岩原氏が就任している。

しかし肝心の放送開始に必要な機械はアメリカに依存せざるをえず、注文しても八カ月はかかる、おまけに局舎もなければ資金のメドもついてない。監督官庁である逓信省は慎重に準備万端を整えてからの設立を望んでいた。

しかし後藤はむしろ拙速を貫くことを主張して譲らず、ついに仮放送と位置づけ、機械も何とか寄せ集めで、局舎も借り物で、ともかくラジオの電波が発信されたのが、大正十四（一九二五）年三月二十二日である。

三月二十二日の今の放送記念日はこの日を記念したものである。

岩原理事長はこの日の臨時理事会で「今まで大小の各種企業を創業してきたが、この半年間の放送局の創設ほど骨の折れる事業は無かった」と述べている。

芝浦の放送記念碑

ＪＲ山手線の田町駅、その芝浦口を出ると、すぐ右側に東京工業大学付属科学技術高等学校がある。この学校の敷地に沿って、放送記念碑が建っている。

放送記念碑には次のように書かれている。

人間は真理を求めて永遠の行進を続ける。

大正十四年三月二十二日、午前九時三〇分、この一隅から発せられた「ＪＯＡＫ」の放送電波は、ここに三〇年を経て、日本全土を覆い、広く世界を結び、今やまさに、聴く放送から、見る放送へと画期的飛躍を遂げるに至った。

この時この地に立って、我々はそぞろに先人の情熱を想起せずにはいられない。この情熱は時空を超えて、我々と共に生きつつあり、さらに後に続く人々の中に永久に躍動して、人類の幸福と社会の進歩とに貢献するであろう。


昭和三十年三月二十二日、ゆかりの地において当時をしのびつつ

日本放送協会会長　古垣鐵郎　識（副碑）

ここは大正十四（一九二五）年三月二十二日わが国最初の放送電波が発せられたゆかりの地です。

東京放送局が、当時ここにあった東京高等工芸学校の図書室を仮放送所としてラジオの第一声を送り出しました。

この放送発祥の地に、放送開始三〇年を記念して「放送記念碑」を建立したものです。

日本放送協会

初代会長になった岩原会長はまず渋沢栄一を顧問に迎えた。私は渋沢栄一が顧問に就任したことに大きな意味を感じている。

渋沢は財界人として知らない人はいない。しかも渋沢は単なる財界人でなく、文化面でも優れた識見の持ち主で、日本的協調主義を代表する人でもあった。また時代を見る先見性に富み、公共放送の将来を見据えるには最適の人材だったと思われる。

渋沢がもし今現存していると仮定したなら、NHK会長としてもっともふさわしい人ではなかったかと思う。

私が入局した昭和十一（一九三六）年四月はまだ初代の岩原会長だった。しかしその年の七月、岩原氏は現職のまま七十四歳で亡くなったので、岩原氏がどのような人であったかほとんど記憶がない。岩原氏が現職で死去したことで、それまで専務理事だった元逓信次官の小森七郎氏が二代目の会長になった。

岩原会長の死後、故人の遺志を受けて、職員の福利厚生という観点から、岩原貸付金を作って少額の資金の貸付をおこなった。

私も社会部長時代、部下の笠間守彦君や臼井利泰君に頼まれて貸付を仲介したことがある。臼井君が借りた金を持って帰る途中の電車で掏られるというハプニングがあり、大騒ぎになったことを覚えている。

皆が手軽に借りられる資金ということで、重宝がられたが、岩原貸付金という名称が初代会長の名前だと知る人は少なかった。この岩原資金は今もなお続いているという。

第二代　小森七郎——一級の逓信官僚

昭和十一年九月〜昭和十八年五月

小森七郎は逓信省出身で、岩原会長の下で一一年にわたり常務理事、専務理事を務め、大正十五（一九二六）年九月、岩原会長の死去を受けて会長になった。

当時ＮＨＫの放送現場は愛宕山にあったが、役員室や総務、経理などの本部機能が日比谷の市政会館にあったことはすでに述べた。

内幸町の放送会館は、建設に着手したばかりで、三年後の昭和十三（一九三八）年に完成し、昭和四十八（一九七三）年、今の渋谷の放送センターに移転するまで、内幸町会館は制作部門も管理部門も併せ持った、名実ともにＮＨＫ本部であった。わずか三五年で渋谷に移転したことになり、放送会館としては短い寿命であったといえる。

しかし内幸町会館ができて一五年後、昭和二十八（一九五三）年に始まったテレビ放送が、予想をはるかに上回るスピードで普及し、今日のテレビ時代が到来するとは誰も想定できなかった。テレビ放送が始まっても、ラジオ放送は続いていたし、しばらくの間はラジオの全盛時代でもあった。もともとラジオのために作った放送会館である。予定外のテレビのためのスペースを割こうとすれば、狭いのは当然であった。

テレビはラジオに比べて、仕掛けが大きく、スタジオだけでもラジオの数倍の広さが必要である。実際、初期の頃はスタジオの建設が間に合わず、特に昭和三十四（一九五九）年にスタートした教育テレビは、日比谷スタジオや銀座スタジオのような、外部の貸しスタジオを借りて、なんとか間に合わせていた。

テレビは制作に必要な手間ひまもラジオとは比較にならなかった。そのための大幅な人員増や設備、機材増に対応するためには、内幸町会館はあまりに狭隘であったことを思えば、早すぎると思われる放送センターの移転はやむをえない選択だったと思う。

しかし内幸町の放送会館はＮＨＫの今日の事業活動の基礎を築き、日本の放送文化の原型を作り上げた忘れ得ない歴史の舞台であった。この放送会館の建設を含め、小森会長はまさに今日のＮＨＫの土台を築いた人でもあった。

現在、日比谷シティというイベント会場に生まれ変わっているが、その道路沿いの一隅に「放送会館はここにあった」の小さな記念碑が置かれている。題字は十二代会長の坂本朝一である。

会長室での小森会長

昭和十一（一九三六）年の四月にＮＨＫに入局した私は、翌年の一月には千葉県の歩兵第五十七連隊に入隊することになり、小森会長に挨拶に行ったことがある。会長室は日比谷の市政会館である。

佐々木人事課長が会長室に案内してくれ、「会長、今度入営する長澤泰治です」と言って会長に紹介してくれた。

会長室は赤い絨毯が敷いてあり、なんと小森会長は赤絨毯の上でゴルフのパットの練習をしていた。

「長澤君、そうか、しっかり勤めてきてくれ」

小森会長は私の顔を一瞬も振り向きもせず、パットを続けながら言うのには驚いた。

入局したばかりの新人といっても、戦時中である。天皇の命による入営の挨拶に来た職員である。これが最後になるかも知れない。そういう職員に対して何たる無礼な、顔ぐらい向けるべきではないか。失礼千万と思うべきところ、この人は凄い人だ、この人がNHK会長か。大変なところに来た。そういう妙な感動を覚えたことを記憶している。

それから二〇年ほどの年月が経った時の話である。昭和三十二（一九五七）年、私は第七代永田清会長からの辞令で札幌中央放送局長になった。

なお永田清は慶應義塾大学卒業後、一時東大講師を務めた後、実業家に転じ、日本ゴム社長、日新製糖社長などを経て古垣会長の後を受けて会長となったが在任中、病に倒れ急死した。

永田会長はそれまでの古垣体制は古いもの、改革が必要との認識に立ち、生え抜きの職員を信用せず、自らの専属のスタッフや秘書、運転手に至るまで引き連れて乗り込んできた。

そんなこともあってか秘密主義者だった。例えば出勤前に、毎朝のようにこれといった政治家を訪問していたらしい。といってもその時は誰も気がつく人はいなかった。とにかく午前中は会長の顔が見えない。家に電話をすると、すでに家を出ている。連れてきた運転手を捕まえても答えない。何度も聞いてはじめて分かったのだった。

そんな調子だったから、内部の人たちとなじめず、外部から起用した会長としての成果も上がらないまま、在任期間も一年半で亡くなられた。

札幌中央局長になって間もなく、ある時外部のお客さん接待で、札幌のさる料亭でマージャンをしたことがあった。

その時、傍らにはべっていた粋な年増芸者とたまたま小森会長の話になった。小森さんはNHK入りをする前、逓信省時代、札幌逓信局長をしていたことがあった。小森さんの逓信局長は三〇年も前のことだったろう。懐かしそうにしていたから、会いたいか、と軽い意味で言うと、あの方のおかげで子供が助かりました、お会いする時があったらよろしく言ってください、と言う。連絡だけでも取ってやろうと思ったことがあった。

間もなく私は東京本部の編成局の編成総務という新設ポストに移ってしまったので、この話は忘れてしまった。何かの時、後任の局長の和地武雄に話したが、うまく連絡がとれたのか確認していない。小森さんも何も言ってきていない。何かほのぼのとした話だった。

小森さんに助けられたゴルフ場建設

それからさらに一五年ほど年月が経った時の話である。

昭和四十六（一九七一）年、ＮＨＫの役員を退任した私は、労務担当という、かなりハードなストレスの多い役員生活により体調を崩していた。長年のＮＨＫ生活の疲れを癒し、健康回復のためには、ゴルフ三昧に過ごすことも悪くないと考えていた時だった。

当時、寿命の短い職種は、お相撲さん、お医者さん、運転手さんなどといわれ、その後に続くのが新聞放送人などではないかと懸念されていた時代でもある。ＮＨＫの卒業生も長寿とはいえなかった。

そんな中で、いっそ自分でゴルフ場を作って、仲間を糾合して悠々体力の維持を図ることを考えるようになった。私の悪い癖でもあるが、決心すると早い。前進前進また前進となり、北海道の根室から箱根まで、あちらこちらの土地を見て回るようになった。

北海道は気候もいいし、一時は根室の土地二万坪の仮契約をした。しかしいかにも遠い。それに対してもう一つの候補地箱根は保養地としては理想だが、霧が深過ぎてゴルフ場には向かない。箱根には名門といわれるコースがいくつかあるが、いずれも濃霧で苦しんでいる。

ゴルフ場の適地はどこにでもあるように見えて、実際に探すとなると容易ではなかった。私は毎日朝三時に起きて土地を見に出かけ、地主と掛け合ったものである。早朝に開いている朝飯屋もうまいところ、そうでもないところがあった。いい朝飯屋の前には、トラックが固まって停まっている。そういう店を選んで、飯と味噌汁とおかずをとって朝飯を済ませたものだった。

　こうしておよそ三カ月、適地を探すうちに、いよいよ栃木県の宇都宮から東に入った茨城県に近い茂木町に白羽の矢が立ち、土地の買収に取り掛かった。土地買収には莫大な資金がいる。覚悟が必要だった。私は自分の土地家屋敷を抵当に入れて三億円の資金を作り、背水の陣で買収に当たった。

　この三億円は無茶な賭けでもあった。失敗したら大変である。実際、家屋敷を追われる。そんなことも頭の中を去来した。

　しかし無名の私が土地買収について、あちこち奔走しても埒があかない、信用してくれないのだ。ゴルフ場の土地買収がこんなに難儀なものとは知らなかった。それだけ北関東地方はゴルフ場建設と称して、かなりいい加減な業者も出入りしていたのだろうと思う。

　驚いたことに、土地の古老と話しているうちに、茂木町は二代目会長の小森七郎の生まれ故郷であることが分った。小森さんはこの地元の出世頭であり、土地の人から信頼されていた。

　小森さんが会長をしていたＮＨＫで、専務だった人がゴルフ場の代表者になっている。それならいい加減なゴルフ場ではないだろう。長澤は信頼できる男となり、急転直下、土地買収が進展した。

　私は三〇年以上も前、赤絨毯でパットの練習をしながら見向きもしなかった小森会長を思い出し、奇しきご縁に手を合わせた。

第六代　古垣鐵郎——知と文化の司祭

昭和二十四年五月〜昭和三十一年六月

朝日新聞出身である。朝日ではロンドン支局長、欧米部長、論説委員として大阪朝日で健筆を振るった。ＮＨＫには昭和二十一（一九四六）年専務理事として入り、昭和二十四（一九四九）年会長になった。

昭和二十五年は新しい放送法が施行され、今日の特殊法人日本放送協会が発足した年である。古垣さんはその特殊法人ＮＨＫの初代会長に就任した。

古垣さんは朝日に入る前、ジュネーブの国際連盟の事務局に在籍し、フランスのリヨン大学を卒業するなど、国際感覚の豊かな人だった。ＮＨＫと海外の橋を架けた会長でもあった。才と識を持ったなかなかの会長だった。お洒落でキザな文化人でもあった。私は直接、謦咳に接する機会が多かった。

「映画売春事件」

古垣さんの時代のピンチといえば、やはり「映画売春事件」かなと思う。

「社会の窓」という録音構成番組の中で、大部屋女優の本音を録音して、そのまま放送したものであるが、この一人の女優の録音が大きな波紋を投げかけた。その声は概略次のような内容だった。

「一人前のスターになるのは本当に難しい。大部屋女優のほとんどの人は芽が出ることなく消えていく。才能があっても運に恵まれなければ終わりである。監督や脚本家に認められることが必要だ。監督に体を任せることでスターになれるものなら、喜んで体を提供する」

正確な表現は忘れたが、こんな趣旨のことをこの女優は告白したのである。しかもこの録音の後を受けて、「こうしたスターの裏側を知らずに、映画館に足を運び、銀幕のスターを見て涙を流しているファンがこの秘密を知ったらどんな気持ちになるだろう」こんなコメントで結んでいる。

私がこのコメントを追加したのだった。

凄い反響があった。さっそく、映画会社から電話がかかってきた。まずこの録音は本当か。録音の主は誰なのか、もしかして自分の会社の女優かもしれないから、その名前を教えて欲しいというものだった。

名前を知っているものは、私以外は直接の担当者とその責任者である社会課長の鈴鹿醇太郎だけだった。我々三人は本人の名誉のためにも一切名前を出さないことを申し合わせた。

今なら取材源の秘密を守ることは常識になっているが、当時はそれほど明らかな共通理解がなかったから、取材源を明らかにしないことは大変な決意を必要とした。

とにかくマスコミの攻勢がその女優に及ぶことのないよう、苦心惨憺したものである。

今もその女性はどこかで暮らしていると思うが、消息についての情報はまったくない。とにかくＮＨＫの番組に出たことにより、彼女の人生に負の影響がなければと念願し続けている。

反響は次の反響を呼んだ。よくも録音を取ったという驚きの声がある一方で、俳優協会や映画会社からは女優の人権に関わるだけでなく、映画全体のイメージダウンになる問題である、と激しい抗議があり、誠意ある態度が見られなければ、今後ＮＨＫへの放送出演は一切拒否するという問題に発展した。

ある有名女優がこんな気持ちを訴えていた。

「先日駅のプラットホームで、一人で立っていた時、つくづく考えさせられた。私の顔は皆知っている。ホームにいる人たちは、私もまた身を任せて有名になったのだろうか、そんなことを想像するだろうと思うと、いたたまれない。一日も早く全面取り消しをして謝罪してもらわなければ、本人はもちろん、映画会社としても立つ瀬がない」

この証言ほど身につまされた話はなかった。

私はこの番組の責任者だったから、何とか早期に解決したいと思った。

かといって無名の大部屋女優の告白は間違いでした、といって全面謝罪で解決する態度は取りたくない。実際、放送した内容が事実に反している訳ではない。

ただし録音した女優の録音が事実だとしても、それをあたかも女優全体のことのように印象づけられたとすれば、そこに問題があるとも言えた。

つまり、その企画意図を理解したとしても、構成やコメントなど演出方法に問題があるとも言えた。

連日のように、東京會舘などで映画会社の代表との話し合いが続けられた。話せば話すほど、この問題は一概に良いとか悪いとか、そんな単純な問題でもないことが分かってきた。映画会社のほうも、個人の問題を含めて本当のところ全面否定できるかとなると、それにも限界があった。しかし必要以上に迷惑をかけたことは事実である。何とか謝罪をせずに、和解の道はないものか。何度も話し合ってその道を探った。

これはあくまでも一人の無名の女優の告白である。話したことは事実であるが、これが映画界のすべてであるような印象を与えたことは本意ではない。また解説の中には適切でない部分があったことはお詫びしたい。こんな釈明をしたが聞き入れてくれない。そのうち国会がこの問題を取り上げることになり、大きな問題に発展しつつあった。

局内的には、私を糾弾する人、足を引っ張る人、励ましてくれる人様々だった。女優の証言は事実であっても、放送の中での扱い方がオーバーだったのではないか、というような内部批判も出てきた。残念なことにＮＨＫ内部が必ずしも一本にならず、部長会などでも他人事のような批判ばかりで、問題の解決に役立つ意見はほとんど出てこなかった。

筋道はどうであれ、この問題の扱いを誤れば私の進退に関わることはもちろん、ＮＨＫを揺るがしかねない大問題になるところだった。

その中で古垣会長は一貫して現場責任者である私の言い分を信頼し、全面的に支持してくれた。そうしているうちに、時の経営委員長である矢野一郎氏が、私に、その録音を持って来なさい、自分が判断してやる、と言って助け舟を出してきた。

念のために会長に話すと、

「これはあくまでもＮＨＫの執行部の責任者である会長の問題である。会長の責任で解決すべき問題であり、経営委員長に録音テープの提出は不要だ」と言って録音テープの提出を断固拒み続け、私にも軽率な行動を取ることのないように指示された。

経営委員長の発言は善意によるものだったとしても、古垣会長は執行部と経営委員会との役割のけじめを厳しく使い分けようとしたもので、こういう時の古垣会長の態度は立派であった。

実力経営者として、何よりも現場の責任者を信頼し、私の立場を最後まで支持して揺らぐことはなかった。これは当然といえば当然であるが、今の経営委員会と執行部の関係と重ね合わせると、時代が違うとはいえ、古垣会長の態度は特筆されていいと思う。

この問題がどのようにして和解に至ったか、今さだかには覚えてはいない。覚えているのは、東京會舘などで何度も何度も、関係者が集まって話をしたことである。

時には古垣会長が自ら顔を出した。ＮＨＫ側は会長以外に私を含めて数人だった。古垣会長は現場のこともよく知っていた。時折、放送台本に目を通したり、出演者と会ったりすることも珍しくなかった。

俳優協会を代表して、当時日本映画の第一線で活躍していた女優、折原啓子、沢村貞子、俳優の高田稔、この人たちの態度は立派だった。映画会社を代表してきていた会社の幹部も皆優秀で、最後は建前だけでなく本音も交えて話し合った。そのことが和解に結びついたのだと思う。

不幸な出来事だったが、全体を通じて、人と人との触れ合いや信頼感がいかに大事かを痛切に学んだ出来事だった。

これがきっかけとなって、沢村貞子とは親しくお付き合いするようになったし、折原啓子とはご子息の結婚式にも招かれた。

私は、来るものは迎え、去るものは追わず、また自分と敵対するものには、これまで断固戦うことを自らの方針としてきたが、この方針を曲げることなく、妥結に至ったことは何よりだった。

最後になってしまったが、当時の春日由三編成局長には大変お骨折りをしていただいた。春日氏は剃刀と言われたほど頭の回転のいい人で、生え抜きのホープだった。

その後専務理事、放送総局長を経て一時は会長候補と噂されたが、結局退任して故郷新潟県の十日町市の市長選挙に立候補して当選した。私は資金を集めて新潟に届けたことがある。忘れ得ない人だった。

ダンディでお洒落なご夫妻

古垣会長は白いダブルを着るなど、なかなかダンディで、キザっぽい人という印象だった。大勢集まって何かをやるタイプではなかったし、シャイでシャープで、知識は豊富で常識をわきまえていた。ずば抜けて反射神経の鋭い人だった。何度も目黒の自宅にお邪魔したことがある。その都度、フルガキではない、フルカキだとよく叱られた。

夫人は外国生活が長く、背も高く美人で、なかなかの社交家だった。放送会館に入る時も表玄関から堂々と手を振って入る人だった。

ある時私が数人と立ち話をしている時、たまたま夫人の話になった。

皆が夫人に対して神経を使い、挨拶をしたらいいものか、などと大真面目に議論しているのを見て情けなくなり、会長夫人は会長ではないのだから、いちいち挨拶することはないのだ、と言った。するとこのことをすぐ夫人に伝える人がいたらしい。

ある日、表玄関で夫人に会うと、長澤さん、ちょっとちょっとと呼ばれた。

「私は貴方の会長ではないから、挨拶することはいらないのよ」

と言うのである。黙ってないで、すぐ言うところが夫人らしかった。

それからまた三〇年ほど後である。私が七十歳になってNHKサービスセンター理事長を任期満了で退任して、恩賜財団済生会の理事長になった時、古垣邸に挨拶に伺ったことがある。夫人ともしばらくぶりであった。夫人はその時、格別おいしいお菓子を出してこられ、

「高松宮妃殿下からいただいたお菓子よ。私、今妃殿下と大変親しくさせていただいているの。妃殿下は衣裳のことになると皆私に相談するのよ。済生会は恩賜財団で総裁が高松宮殿下で、貴

方は今度その配下でしょう、よろしく言っておいてあげる」

夫人はさっそく妃殿下に連絡をとって、

「古垣が部下として特に信頼していた長澤が行きます。宮様に仕えたことのない田舎者ですが、この部分は私が教育しておきます。とにかく信用できる男だからよろしく使ってやっていただけませんか」

といった趣旨のことを話したらしい。

そういうこともあって私は両殿下から大変信用され、気持ちよく理事長を務めさせてもらった。高松宮が亡くなられた時も、色々な儀式での箸の上げ下ろしまで古垣夫人に教えてもらい、何とか恥をかかないで済んだ。

フランス大使になる

NHK会長を辞めて間もなく、古垣氏はフランス大使になった。

かねてから希望していたものらしく、本人は大喜びで、一流の日本料理の料理人を連れて行き、機会あるごとに日本料理を紹介し、日本料理による日仏の交流に力を尽くされた。

ド・ゴール大統領とは若い時から交流があったらしく、フランス大使でいる間は夫妻でよく食事をされていたようである。大使を辞めてからも年に一回は夫妻で渡仏しド・ゴール氏を訪ねていた。

昭和三十六（一九六一）年、大使を辞めて日本に帰ることになった時も、ド・ゴール大統領はわざわざベルサイユ宮殿を開放してくれ、当時のマルロー文化相主催の送別会を催してくれたという。大統領自ら、別に古垣のために特に昼食会を開いてくれたと聞いている。

自民党の元副総裁で大野伴睦という人がいた。岐阜の出身の党人派で義理人情に厚く、衆議院議長、自民党の副総裁まで務めた大物政治家である。東海道新幹線ができた時、選挙区に羽島の駅を作らせたので有名だった。

その大野さんが郷里で暴漢に襲われたことがあった。その時一緒にいた芸妓が、大野さんを切るなら私を切ってからにしてくれと言って、体を張って大野さんを守ったというエピソードがある。

大野さんにぞっこん惚れ込んだこの芸妓を、大野さんは赤坂に連れて行って料亭の女将にした。その料亭には大野派の人がよく集まってマージャンなどをやっていた。私もピンチヒッターでそのお相手をしたことがあった。

その時も、常に女将さんがいて、至れり尽くせり大野さんの世話をしていたのが印象に残っている。

この大野さんを古垣さんは「明鏡止水の人だ、私欲のない本当に立派な人」と言って褒めるのを聞いて、ちょっと合点のいかない気持ちになったことがあった。義理人情の大野伴睦さんとフランス感覚の古垣さんとは合うはずがないと思っていたからである。

しかし古垣さんのフランス大使は大野さんの強力な推薦によるものという噂があったから、そういえばそういうことかなと理解したことがあった。ド・ゴールと大野伴睦と古垣さん、この三つの組み合わせは奇妙といえば奇妙であったが、古垣さんの交友の深さ、人間の幅の広さを物語る、もっとも象徴的な話だった。

もう一つ、小さなエピソードを紹介しておく。

若い人は知らないと思うが、当時ＮＨＫテレビの人気番組「私の秘密」のレギュラー回答者に藤原あきがいた。才色兼備の美人でオペラ歌手の藤原義江の夫人、資生堂の美容部長でもあった。遡ること数年前、藤原あきがヨーロッパから帰国する話があった時である。古垣会長は藤原あきが乗っている船が新潟に着くので、迎えに行ってくるという話を聞いて、いったいどういう関係なのだろう、会長がわざわざお迎えに行かなくてもと思ったことがあった。

しかし古垣会長にはそれなりの戦略があった。数日して会長から呼ばれ、

「長澤君、資生堂に行って、藤原あきを使ってもらうように頼んでくれ」

と言われ資生堂と交渉したことがある。資生堂の社長は参議院議員、松本昇だったと思う。私の義兄が資生堂の幹部だったこともあって、総務担当の重役を紹介してもらい、藤原あき送り込みの戦略を練った。

この話は間もなく結実し、藤原あきは美容部長になり、ＮＨＫの「私の秘密」のレギュラー回答者としても名を馳せることになった。

藤原あきの起用に、古垣会長が深く関わっていたという話はあまり知られていない。

第八代　野村秀雄――高潔、孤高の人

昭和三十三年一月〜昭和三十五年十月

一言で言って謹厳、私心のない、国民の幸せだけを思って、身も心も捧げた、ＮＨＫ会長にピッタリの人だった。

野村さんは明治二十一（一八八八）年生まれで、朝日の敏腕な政治記者だった。編集局長を経て代表取締役になった人である。

ＮＨＫ幹部に朝日新聞から来た人が五人いる。下村宏、古垣鐵郎、野村秀雄、前田義徳、佐野弘吉である。このうち佐野弘吉は専務までで、会長にならなかった。後の四人の中で、野村さんが人柄というか人格という点で群を抜いていた。

下村さんは国務大臣、内閣情報局総裁の話がでると、在任半ばで、さっさと会長を辞めて総裁に就任した。会長という立場をあまり重視していないように思ったことがあるが、国務大臣になるのでは仕方なかったといえるが、そんなことから会長としての印象は薄かった。

下村さん以外の三人の会長を一言で言えば、前田さんは才覚溢れる人、古垣さんは幅広い才覚と知識を併せ持った人、野村さんは徳の人だったと思っている。

才、識、徳、この三つを兼ね備えているのがリーダーの理想だが、このうち徳こそはリーダー

にとってもっとも必要な要件だと思っている。

野村さんが会長になった翌年、私は札幌の局長から編成局に新設した編成総務になる内示を受けた。

編成総務という役はトップと現場の間に立って、放送番組の最終調整を行う役である。会長とは毎日顔を合わせていたから、野村さんの人柄、判断力には直接触れることが多かった。

野村さんは自分がこうだと思うことは必ず実行に移した。番組もよく見ていたし、担当のものに会長室に来てもらうことも多かったし、私はその呼び出し役でもあった。

ある日私がいつものように朝一番に会長室に入っていると、専務の前田義徳氏が会長室に入ってきた。前田さんはヨーロッパ情勢を視察するため、ローマに行って来たいと言って会長の了解を取りに来たのだった。

すると野村さんは「君は今放送総局長でしょう、放送の責任者がそんなに度々席を空け、しかも日本を留守にするのは好ましくない。今度の出張はやめなさい」

前田さんは一言も反論できない。反論できる雰囲気ではなかった。それほど野村会長の言葉には威厳があった。

細かいことを言えば、会長になって間もなく北海道を視察することになった。日本航空の航空券を用意すると、「JALには乗りません」と言う。

でもう用意したのですと言うと「全日空社長の美土路昌一君とは長い友人だ。友情を裏切るわけにはいかない」と言って、全日空以外は頑として乗ろうとしなかった。

第一次安保闘争と野村会長

野村会長の存在は特別で、第一次安保闘争、つまり昭和三十五（一九六〇）年の安保改定を巡る国会の混乱そして空転、国会を取り巻く連日のデモとそれを阻止しようとする警察との争いの中で、ついに東大生の樺美智子が死亡するという事件に発展した。

こうした騒ぎに対するマスコミの取り扱いも簡単ではなかった。メディア自身苦しい対応に立たされたし、安保闘争を取り上げた放送番組に対する賛否の声も想像以上のものがあった。

安保改定についての強行採決が行われ、国会の内外がデモで騒然としていた時、何人かの国会議員が野村会長に面会を求め、ＮＨＫは政府批判が多すぎると抗議して来たことがあった。

野村会長はしばらく黙って聞いていたが、やがて口を開いた。

「あなた方は国会のことを責任もって解決すべきだ。ＮＨＫのことは私に任せて欲しい」

と言ってぷいと立ち上がって席をはずしてしまった。

その後様々な国会議員が会長に面会を求めて来たが、一切面会を断った。面会を謝絶する理由ははっきりしていた。

「国会が荒れに荒れている。いまだに国会も正常にできない先生方に、放送の是非を語る資格はありません。放送のことは会長に任せて欲しいと言ってます」

そう伝えて帰ってもらった。これを伝える役員も大変だったろう。その後も野村会長は国会の正常化が済むまでは、政治家とは一切会おうとしなかった。またそういうことが通る人だった。

ＮＨＫの予算審議の場でも、逓信委員の質問に会長が立って答えようとすると、

「野村先生はお答えになることはありません。担当役員で結構です」

と言われたことを目撃した時は驚いた。

国会の先生方も野村さんには一目置いていた。朝日の政治部長だったというだけではない。やはり長年のうちに培った徳ではなかったかと思う。もっとも陰では、一穴居士などと言われてもいたらしい。

安保闘争のさなか、東大生の樺美智子死亡事件の後、衆議院議長に「朝の訪問」に出てもらうことを考えたことがある。念のために会長に報告すると、「変えなさい」という。理由を聞いても何も言わない。「出演者を変えなさい」を繰り返すだけだった。私は議長の出演を断るのに苦労した。その出演者に、衆議院議員時代の言動に納得できないものがあったのだと思う。

三角寛という作家に会った時のことである。山窩《さんか》小説を書くので有名な作家である。中身は忘れたが、三角さんに謝りに行ったことがある。確か三角さんの原作をドラマ化した時の不手際か連絡不十分か、何らかのトラブルがあり、私は編成総務だったことから、三角さんが怒っているからというので出かけた。

話をしているうちに君のところの会長は誰だとなった。野村秀雄ですと答えると、なに野村さんか、そうか、君たちも野村さんに迷惑をかけるようじゃ困る。野村さんを困らせてはいけないな。そう言うなり、今日のことは野村さんに免じて許すとなって驚いたことがあった。

ある代議士がいた。かつてＮＨＫにも在籍した人だった。その人が入閣して大臣になった。お祝いに行きましょうかというと「行きません」と言う。

「ＮＨＫにもいた人だから挨拶したほうがいいと思います」と言うと、「ＮＨＫにいたから大臣になれたのでしょう。向こうから挨拶に来るべきでしょう」と言って動じなかった。

暴力廃止に徹する

やはり編成総務時代である。アメリカのテレビ映画、とりわけ話題になっているアメリカのチャンバラとも言うべき「アリゾナ・トム」「西部のパラデイン」など暴力場面のある活劇映画を買い付けてきたことがある。

野村会長は就任後間もなく、テレビの娯楽番組からすべての暴力場面を追放する方針を立て記者会見を開いてその決意を表明した。この方針は次の番組改定で実現を図っていくことになっていたが、まさか海外の調達番組にまで徹底して及ぶとは考えていなかった。

会長の本心を知らなかったのは私の不明だった。とにかく自らアメリカに飛んで買い付けてきたものだけに、すでに買ってしまった映像ぐらいは大目に見てもらえると思い、会長室に駆け込んだのだが、私がそのことを話すと、会長は間髪をいれず、「あれは止めなさい」と一言だけで一切の説明もなかった。口答えできる雰囲気ではなかった。私は腹を決めて会長室を引き揚げた。弁解無用、ドジを踏んだのである。暴力否定についてはそれほど徹底した考えを持っていた。暴力場面追放については昭和三十五（一九六〇）年七月、わざわざ記者会見をして、その方針を説明した。その一カ月前は安保改定で国会周辺は連日デモ隊と機動隊の間で血を流していた時だから、野村さんの暴力追放の決意もこのような状況と無関係ではないように思う。

またその年の十月は浅沼社会党委員長が右翼の少年に刺殺される事件があり、この時も野村会長は異例の談話を発表し、暴力追放キャンペーンを強化する決意を表明している。

しかし就任二年目になると、体力はとみに弱まり、昼食なども、食堂から運ばせた素うどんも半分食べればいいほうだった。

野村会長が退任する時、わざわざ労働組合の事務局に足を運び、退任の挨拶をしている。今までなかったことである。当時日放労の委員長だった斉藤力は本当に驚いたとその時のことを述懐している。

退任されてからさらに衰弱されていった。私は好物のメロンを持ってお見舞いに行ったが会えなかった。数日後会長秘書の銭村さんが訪ねてきて、「お礼の手紙を書いたのだが、住所を間違えたらしく戻ってきた。その手紙を長澤さんに見せてくるようにといわれてきました」

その戻って来た葉書を持って見せてくれた。この手紙は我が家の家宝と思っている。

第十代　前田義徳――何事も豪華絢爛

昭和三十九年七月〜昭和四十八年七月

東京外語学校を出てからローマ大学を卒業、朝日のローマ支局長、大阪外報部長を経て、昭和二十五（一九五〇）年ＮＨＫに解説室嘱託として入局した。昭和二十八（一九五三）年報道局長、昭和三十二（一九五七）年理事放送総局長、その後専務、副会長と階段を駆け上り、昭和三十九（一九六四）年会長に就任した。

前田会長は三期九年という長い間会長であったが、理事、専務理事、副会長の期間を加えれば、実質的には、かれこれ二〇年にわたって、ＮＨＫに大きな影響を与えてきた人だといえる。

私は前田さんから理事就任を拝命しているので、忘れ得ない人である。昭和四〇年（一九六五）四月である。

私はその時、休暇をとって相模カンツリー倶楽部にいた。ＮＨＫから電話ですぐ帰るようにとのことだった。ウィークデーにゴルフとは何事かとどやされるかと思いながら会長室に伺った。

前田さんは同じ相模カンツリーのメンバーだったから、ゴルフ場にいることは知っていたと思う。むしろ前田さんの情報でゴルフ場に電話をよこしたと思われたが、何も言わなかった。

前田さんのゴルフはうまいとはいえない。しかも遅い。慎重ともいえるが慎重すぎて、とにかく遅いのには閉口した。相模ゴルフのメンバーが前田さんにプレーを速くするように、同じ会社だから私から申し入れるように頼まれたことがあった。もちろんそんなことできるはずもなかった。

誇り高い人で何事も自分中心でないと気がすまない人である。仕事でもゴルフでも国会答弁でも人を掻き分けてでも答えるタイプで、自信のないことでもアバウトで答えてしまう。労務担当の私や財務担当の志賀専務などは国会の先生方にも、後で訂正して回るのに苦労したこともしばしばだった。

ＮＨＫ内に本格的な報道機構を作る

しかし前田さんはＮＨＫに多くの実績を残した人である。その中から一つだけ挙げると、本格的な報道機構を作ったことだろう。

それまでＮＨＫのニュースは共同や時事などの通信社に頼る部分が多く、朝日・毎日・読売などの大新聞に比べて劣勢だった。官公庁や国会などの、記者クラブもテレビは入らせてもらえなかった。大新聞と同じクラブに入るようになるのはかなり後だった。

前田会長はＮＨＫの中に本格的な報道体制を作るために、蛮勇を奮った。文字通り、蛮勇といってよかった。

第一は取材記者の大幅増大である。放送局以外に、通信部を増設し全国の取材網を作り上げた。第二は、報道局でも番組を作るようにしたことである。それまで報道局は定時に放送する、短いニュースしか担当していなかったのを報道番組まで担当分野を広げた。しかも今まで他局が作っていた国会中継や国会討論会、「日本の素顔」のようなドキュメンタリー番組まで報道番組と位置付け、根こそぎ報道局の制作に移したから、現場は騒然となったが、しかし前田さんは意に介さなかった。

アナウンス部門の抵抗を押して、記者をキャスターとして売り出すことを推進したのも前田さんで、数年後、「ニュースセンター九時」で磯村尚徳がはじめてキャスターとして成功するのである。報道番組も当初は七人だけだったのが、やがて社会番組部と政経番組部ができ、百人を超す大所帯に増強されていく。

解説委員を増員し、記者のベテランを解説委員に登用した。ＮＨＫの解説については、「新聞社の論説と比較して主張がない。なぜもっとはっきりとものを言わないのか」という不満はかねてあった。

しかしＮＨＫの場合、不偏不党、中立であることが放送法にも明記されていて、視聴者に判断材料を提供するのが解説放送の目的である。主張は避けるべきものと考えている。このことは意外に知られていない。

衛星放送の構想を打ち上げる

前田さんは、何でも大きなこと豪華なことが好きだった。何度もイタリアオペラを呼んでくるなど、莫大な経費を要したと思う。

今日の衛星放送の構想をはじめて発表したのも前田会長である。昭和四十（一九六五）年だった。記者会見を聞いた記者諸君も、あまりの大風呂敷に半信半疑だった。しかし約二〇年後の昭和五十九（一九八四）年五月、世界初の実用の衛星放送が開始されるのである。

また放送大学構想を披瀝したのも前田会長だった。当時、学園紛争の華やかな時代でもあり、学園紛争対策ではないかの疑問を呈する向きもあり、実現までにかなり時間を要した。

今の渋谷の放送センターを作って、内幸町から移転したのも前田会長時代である。正面玄関に岡本太郎の「天に舞う」という大きなレリーフがある。これも前田さんが、かなりの資金を投じて作らせたものである。

前田さんの三期九年の任期は昭和四十八（一九七三）年七月までだった。さらに四選への意欲が強く、自信満々だったし、直前まで誰も四選を疑わなかった。しかし四十八年六月、新しく渋谷に建設した放送センターの完成と移転終了を目前にして四選は阻まれた。

前田さんは才のある人、才の鋭い人であった。私は前田さんを尊敬しつつも、心と心が完全にミートできない場合も少なくなかった。

当時、前田会長の後任として巷間ささやかれていたのが、管理畑出身の栃沢助造専務と放送出身の春日由三専務だった。しかし結局二人の会長になる芽は、四選を目指す前田さんの手で摘まれてしまったといわれている。

第十一代　小野吉郎――懐深い郵政官僚

昭和四十八年七月〜昭和五十一年九月

広島県出身、昭和三十一（一九五六）年から三十四年まで田中角栄郵政大臣のもとで事務次官を務めた。小野氏は田中角栄の信頼厚く、その関係は後にいたるまで続く。

ＮＨＫには三十九年来、副会長として九年間、前田義徳会長を支え、四十八年、前田会長の退任を受けて会長に就任した。

小柄で地味な人だった。役人らしくない。一見無口で静かな人だったが、厳しい人だった。自分の信ずることは断固として曲げることはなかった。

小野会長が手がけたことで、もっとも特記すべき事項は受信料の値上げである。一〇年以上値上げをしていなかったので、元一橋大学学長だった中山伊知郎氏や東大総長だった加藤一郎氏などを中心とした審議会を作って民意を問い、受信料の改定を行った。

野村秀雄会長の小型といった感じもある。国会答弁も上手だった。上手に受けて相手を逸らさなかった。

昭和四十八（一九七三）年、私がＮＨＫ交響楽団の理事長二年で、今度はサービスセンターに行けと言われたのも小野会長からだった。

当時、サービスセンターの理事長は技術部門出身の元副会長の溝上銈さんだった。その溝上さんが一〇年という長い在任になっているから、理事長を辞めたいと言っている、その後任にということだった。

N響を二年で他所に変わることに私が腑に落ちない顔をしていたからか、「長澤君の言うことは何でも聞くから、行って建て直しをしてくれ」と言われた。

結局、サービスセンターには一〇年いた。よく働く生え抜きの職員とは波長が合い、忘れえないなつかしい職場だった。

田中邸訪問で引責辞任

再任されて間もなく、小野会長がロッキード事件で有罪になった田中角栄の出所見舞いに目白の私邸を訪ねたことがあった。ところがこのことをマスコミに嗅ぎ付けられ、新聞などは、NHK会長として不見識であると報じ、ついに任期半ばで辞任した。

小野さんは田中角栄が郵政大臣の時、事務次官として仕え、格別の信頼を受けた人だった。次官を辞めてからも交友はあったらしい。

田中角栄の恩義を感じていた小野さんにとって、お見舞いは当然の気持ちだったと思う。例え相手にどんな事情があっても、普通の日本人なら隠れてもお見舞いしたいことだったろう。そのことが理由で辞任することになるとは、まことに情けない。私にはとても考えられないことだった。

同情論もあったが、建前を重視するマスコミや革新陣営の論理には勝てなかったようである。小柄で地味な人だったが、義理人情の厚い立派な人だった。郵政次官までやった高級官僚とは思えぬ、腰の低い、判断の早い人で、もう一期会長をやらせたい人だった。特に私を信頼してくれたこともあって、誠に惜しい幕切れだったと今でも思っている。

心優しい人

私はある時、前田会長と激しく衝突し、小野副会長に辞表を出して家に引っ込んでしまったことがあった。その時、小野副会長が二度、荻窪の私の家に来られたことがあった。

「辞めてはいけない」小野さんから翻意を促されたが、私は譲らなかった。

小野さんは一週間ほどしてまた来られた。依然として譲らない私に小野さんは、次のような内容のことを、かなり厳しい調子で話された。

「私は副会長だが、会長とは意見の違う時もある。しかし私はそのことを人には言わない。自分の意見は言う。かなりやりあう時もあるが、結論に至ったことしか下には伝えない。今度の君のことだって、私は私なりに意見を戦わせてきている。しかしその経緯は君には言わない。私なりに判断している。それは私が会長の部下だからである。たとえ上司の言うことと異なることがあっても、組織で仕事をするからには、時には譲らなければならない時がある。君も前田会長の部下ではないか。私がここまで言っていることの意を汲んでくれないか」

私は組織の中での自分の良心を失いたくなかったから、なおも自分の考えを通したかった。しかし、わざわざ自宅まで来られて、私に語る小野さんの厳しい言葉に隠された優しい心に感動した。小野さんは、郵政事務次官という役人では最高の地位に登り詰めた人だが、役人らしくない人間的な優しさに溢れた人だった。

小野さんが辞めてすぐ、専務の堀四志男君が、小野さんの激励を一緒にやらないかといって来たことがある。堀君特有の政治感覚から出たものと思われた。私は小野さんを支持する考えが違うからと言って断ったことを覚えている。

当時出版協会の社長だったアナウンサー出身の浅沼博氏などは、もともと郵政官僚だった小野さんがＮＨＫの会長になっているのがおかしいと言っていたが、私は「それは違う、あの人はＮＨＫにとってもっとも必要な人だったのだ」と話したことがあった。

一昨年、小野さんに連絡して、たまには食事でもとお誘いしたことがあった。もう外に出る元気はないと言っていた。それが最後だった。二〇〇六年四月に亡くなられた。一〇一歳だった。心からご冥福を祈りたい。

第十二代　坂本朝一――はじめての生え抜き会長

昭和五十一年九月～昭和五十七年七月

坂本朝一はＮＨＫ生え抜きではじめて会長になった人である。

小野さんが辞任した後、今度は生え抜き会長を望む声が内外に起こり一〇〇万人署名運動に発展していた。

経営委員会では、生え抜き会長の誕生は望ましいが、署名運動と連動してしまうことについての疑問が提起されたらしい。

しかし、経営委員会は、長時間の論議の末、やはり生え抜きを望む大きな潮流が世論の中にあったものと受け取り、副会長の坂本朝一氏を初の生え抜き会長に選んだと言われている。

坂本は東京神田の神田明神下の生まれで、俳優の坂本猿冠者の長男である。NHK現役時代は、口ものの落語、漫才、浪花節を担当し、この世界では右に出るものはなかった。テレビ時代になって「お笑い三人組」など芸能バラエティ番組を担当した。

私が芸能局長に就任した時すでに次長であった坂本が、芸能局の現状というレポートまで作って、誠心誠意、私を支えてくれた。

坂本はマージャン、競馬などの一切の賭け事はもちろん、ゴルフもアルコールも嗜まなかった。しかし人付き合いはよく、一滴も飲まずに酒席を楽しむことのできる人だった。人との交遊は垢抜けていた。

会長になったばかりの時は静かにしていたが、次第に自信を持ち、記者会見といい国会答弁といい、堂々たる風格を身に付けていった。この人ほど、会長になってから会長らしく大変身した人はいない。

ただし公共放送の経営者としてどうだったかと言えば、率直に言ってやや慎重すぎて物足りなかった。しかしもう一期やらせてみたい会長だった。

各界の要職に就任

坂本は各界からの呼び声があり、国語審議会会長、国家公安委員、横綱審議会委員長を務めた。

また会長退任後は、つくば科学博の催事総合プロデューサーに推された。坂本は会長秘書をしていた歌田勝彦を総合プロデューサーの事務局長として乗り込み、ＮＨＫサービスセンターの常務理事広江均などが中心になって開会式を成功させた。放送総局からは樋口英樹主幹や外信番組出身の菅間昭が海外報道室長として坂本を支えた。

なお坂本は川柳の世界では知られていて、坂本一胡の名前で活躍した。

以上に挙げた七人の会長以外については、私自身あまりご縁が無かったので簡単な紹介程度に留める。

また坂本会長と同様に、生え抜き会長はいずれも私の仲間か部下だったこともあって、客観的に取り上げ、論評するにはさらに月日を要すると考え、これも簡単な紹介程度に留めることにする。

第三代　下村宏（海南）

一八七五年、和歌山県生まれ。大正から昭和にかけての言論人である。東京帝国大法学部卒。逓信省為替貯金局長を経て、台湾総督府総務長官、朝日新聞社副社長、貴族院議員など歴任して、第三代ＮＨＫ会長となる。間もなく、国務大臣、情報局総裁に任命され、会長を辞任した。歌人として知られ、海南はその号である。

第四代　大橋八郎

逓信次官、貴族院議員、国際電気通信社長、日本電信電話公社総裁を歴任。逓信事業に生涯を捧げた人で、会長は一年で退任している。

第五代　高野岩三郎

長崎県生まれ、東京帝国大卒。大原社会問題研究所の設立に関与し、初代所長。ＮＨＫ会長就任演説で「権力に屈せず、大衆とともに歩み、大衆に一歩先んずる」放送のあり方を力説した。

第七代　永田清

慶應大学卒。慶應大学教授を経て、実業界に転じ、日本ゴム社長、福岡製紙社長、一九五一年のサンフランシスコの講和全権団顧問、日新製糖社長を経て、第七代会長。一年半で死去。

第九代　阿部真之助

毎日新聞取締役外報部長、ＮＨＫ経営委員長を経てＮＨＫ会長となる。政治評論などでの健筆は有名である。会長としての発想はなかなか良かったが、具体化を見るに至らなかった。

第十四代　池田芳蔵

三井物産社長、会長を経て、ＮＨＫの財政再建などを掲げて就任したが、高齢による体調不良と国会答弁の失敗などで、数カ月で退陣した。

次は坂本会長の後の生え抜き会長についての簡単な人物紹介である。

第十三代　川原正人

経済部記者出身。職員局長、専務理事を経て、退任後一度、美術センター社長を務めたが、昭和五十七（一九八二）年、坂本会長の後を受けて会長になった。清廉潔白、一口に言って律儀そのもの、団体交渉においても、どんな激しい質問攻めにあっても、揺らぐことはなかったことでも有名だった。私は今でも信頼と感謝で一杯である。

第十五代　島桂次

政治部出身。政治部の記者時代、大平派を含め、政治家との交流は抜群だった。今日の衛星放送を立ち上げ、衛星放送のための受信料を設定したのは特記に値する。また関連事業の新設強化にも力を尽くし、ソニーや松下、電通など九社から営業マンを招聘するなどで話題をまいた。政界にも多くのパイプを持ち、その辣腕ぶりは知られていたが、晩年、国会での虚偽答弁の責任を問われて辞任している。

第十六代　川口幹夫

ドラマ部長、放送総局長を経て、退任後ＮＨＫ交響楽団理事長になるが、島会長辞任の後を受けての会長就任は内部的にも待望された。さわやかな人柄で視聴者の気持ちを引き付けるパーソナリティの持ち主だった。

専務理事放送総局長時代は、中だるみだった大河ドラマや紅白歌合戦の梃子《てこ》入れをした。かつて私が福岡に出張した時、自然体でいて、ひときわ目立つ青年がいたので東京に連れてきたのが川口だった。あの時の印象は今も忘れられない。

第十七代　海老沢勝二

川口幹夫の後を受けて会長になった。政治部出身で、役員になってからも、政治関係の情報収集力は抜群、野性味を残した実行派だった。なかなかの実力者だった。生え抜き会長としては、はじめて三選したが、不祥事や受信料不払いの増加の責任を取って辞任した。現在、横綱審議会委員長である。

第十八代　橋本元一

海老沢会長の任期途中の辞任を受けて、技師長専務理事から昇格した。不祥事以来、急増した不払い対策、受信料値下げを求める圧力など逆風の中にあって力尽きた感がないではない。しかし受信料の不払いなども好転するなど、頑張ったのではないかと思うが、どうも真面目すぎて、自力に頼りすぎたように思わないでもない。

第十九代　福地茂雄

新聞などの報道によれば、現在の経営委員長、古森重隆氏の強引な進め方で一部の反対を押し切って実現したと報じられている。アサヒビールの社長を経て現在相談役である。東京芸術劇場館長を務め、なかなかの文化人と書かれているが、放送事業、特に公共放送に対する見識、理解、手腕は、まだまったく未知数である。一視聴者として見ると、経済人としての一途な信念や政府寄りの発言が懸念される。新たなトラブルの後だけに、期待が大きいとも言える。新会長については後に触れたいと思う。

会長候補と言われて

小野会長が辞任した後、何度か私の会長候補という噂が新聞や週刊誌などに載ったことがある。それはあくまでも噂で正式な筋から打診をしてきたものではない。私は仮に会長という話があったとしても受ける気持ちはなかったから、茶飲み話としても、この人たちはどうして私の名前を出すのだろうと、そのことに興味を持った。

こんなエピソードがある。小野会長が辞任した後、当時の郵政族のドンである橋本登美三郎氏からちょっと会いたいと言って来た。

橋本氏は自民党の幹事長を務めていた人で、特に郵政関係には大きな影響力を持っていた。奥さんがＮＨＫの美人アナウンサーだったことで有名だった。政治家と接触するだけでも指弾されかねない今の風潮と違って、その頃は特に幹部と国会議員、特に郵政族との交流は至極当たり前のことであった。

事務所に行ってみると、橋本氏は真面目な顔で、

「長澤君、会長になる気持ちはありませんか。もしその気持ちがおありなら及ばずながら応援します」

と真顔で聞かれた。

ちょうど、小野会長が田中邸訪問問題で辞任した後、革新陣営などからも生え抜き会長という強い声が出ていた時である。

生え抜きと言っても、誰を候補と考えるのか。絞られていない時だったろう。後に会長になる坂本朝一氏も、二カ月前に副会長になったばかりだったから、候補の一人でしかなかった。むしろ役員OBから強い候補を用意できないかという考えもあった。こんな時期だったと思う。

経営委員長としても、後任会長についての判断材料や情報を集める必要があったろう。すでに放送界に通暁している橋本氏の意見も聞いていたのかもしれないし、また橋本氏も正確な情報を持っていたかったと思う。経営委員会だけでなく、官邸や郵政筋でも、それなりの判断材料が必要だった時期でもあったろう。

したがってもし私が橋本氏の質問に対し、一度会長をやってみてもいいといった積極的な意思を述べたとしたら、橋本氏はただちに経営委員会もしくは官邸筋とも連絡を取りかねないと思った。事は意外に切迫している、そんな感じがした。

橋本氏は茶飲み話で私を呼んだわけではない。私は直感的にそう感じた。これは仮にもそういう素振りを見せるべきではないと考えた。したがって、もし私が会長になりたいと思っていたとしたら、絶好のチャンスでもあったろう。

私は自分自身を知っていた。私は公共放送NHKの会長について、理想とするイメージを持っていた。自分はそのイメージに照らして、ふさわしい力の持ち主ではないと考えていた。

特殊法人ＮＨＫのトップに座るのに、もっとふさわしい人がいるはずだ。私には所詮、人の縁や義理人情を大事にして生きる雑草人生こそふさわしい。

私は橋本氏にこんなふうに答えた。

「会長候補として考えていただいていることは大変光栄です。しかし私は会長になるつもりはまったくありません。私はＮＨＫの会長について理想とするイメージを持っています。会長にはもっとふさわしい人がなるべきです。

私は荻窪の百姓の伜で、今までも雑草のように生きてきました。また私の信条としては、今まで人様のおかげで生きてきた、そのご縁を大事にし、人との義理人情を大切にして生きてきた、いわば浪花節人生です。

〝掃き溜めの鶴〟という言葉がありますが、本当の意味は、志を高く、しかし自分を育ててくれた掃き溜めを忘れずに生きる意味だと思う。その意味では〝掃き溜めの鶴〟になりたいと思っています」

橋本氏は黙って聞いていた。よく考えていたようだった。

「よし分かった。君は確かに浪花節のところがある。君が会長になったら義理人情で苦労するかもしれないね」そう言ってくれた。

私は自分の気持ちを素直に伝えたことで、すがすがしい気持ちになって荻窪の家に帰宅した。

すると朝日新聞社の坂本洋記者が待っていた。坂本氏は放送関係の記者として、なかなかの見識と健筆で知られていた第一級の記者である。目的はやはり会長問題だった。

私は橋本氏に会ったことは黙っていた。しかし橋本氏に話したと同じようなことを話し、会長になるつもりはないことを明言した。坂本氏は私の性格を理解してくれていたと思う。坂本氏はそれっきり会長問題について私のことを書かなくなったし取材することもなかった。

あの時の私の心境は、嘘偽り無く、地位とか役職のことなど忘れて、誠にさわやかな気持ちだった。

こんな話は書くべきではなかったかもしれない。しかし何度か週刊誌などに書かれては消え、また書かれた会長候補の噂に対して、一度自分の考えをはっきり書いておきたかった。

第二章　ＮＨＫ入局

好成績で入局

昭和十一（一九三六）年、早稲田大学専門部商科を卒業し、ＮＨＫに入局した。二十一歳である。二・二六事件がこの年の二月に起きたことはすでに述べた。

これは単なる偶然と言ってしまえばその通りであるが、私のＮＨＫ入局が昭和史の最大の事件と同時に始まったことは、後から考えると私のＮＨＫ人生に劇的なアクセントを付けてくれたように思わないでもない。

ＮＨＫ入局についても、幸運なエピソードがある。

私の義兄の松田豊吉の小学校の同級生で福島さんという人がいて、当時ＮＨＫの加入課長をしていた。私がＮＨＫを受けると聞いて、義兄は福島さんに何か聞いておくことがないかと尋ねてくれた。

福島さんは、特に言うことはないけど、何かの参考になればと言って、ＮＨＫのパンフレットを送ってくれた。その中に放送の三大使命の記事が出ていた。教育教養、娯楽、報道が放送の三大使命と書いてある。

なんと試験場に行ってみると、三大使命がそっくり問題に出ている。もちろん、本のとおりは書けないが、筆記試験はばっちり。明くる日は面接で、君はどういう心積りで働くのかと聞くから、当時流行の「馬車馬のように働く」と答えると、試験官はにっこり笑った。義理人情と浪花節を持ち合わせた試験官だった。そんなことで、私は好成績で合格することができた。

二つのＮＨＫ

ＮＨＫという名称ができたのは戦後である。もともと東京放送局、大阪放送局、名古屋放送局とそれぞれ独自にできたものを、大正十五（一九二六）年に合併して社団法人日本放送協会となったが、その時はまだＮＨＫという呼称はなく、一般の人は各局ごとに、東京放送局とか大阪放送局と呼んでいた。

ちなみにＮＨＫという名称は、戦後、日本放送協会の頭文字、日本のＮ、放送のＨ、協会のＫをならべて略称にしたものである。その時、念のために調べてみると、すでにバネを作っている日本発条株式会社がこの略称を使っていることが分かった。

そこで日本発条に仁義を切って使わせて欲しいと頼んだところ、意外にもあっさり承諾してくれた。日本発条側も、今日のように、ここまでＮＨＫという略称が定着するとは思わなかったので、何か庇を貸して母屋をとられたような複雑な気持ちになりはしないか、もちろん日本発条がそう言っているわけではないが、むしろＮＨＫのほうで気を遣ったと聞いている。

日本発条も損なことばかりでなく、初対面の人に、ＮＨＫはわが社のほうが先なのですよと説明すると、皆がそれだけですぐ覚えてくれるのは利点でもあるから、気にしなくてよいと言ってくれていたが、そういうものでもなかろう。

そんなことで、双方のメリットを認めあい、長いこと窓口同志で交流を続けていたらしい。

わが師、中村経理部長

入局した当時は、放送現場は愛宕山で、総務や経理などの管理部門は日比谷の市政会館に居を構えていた。会長室も市政会館にあった。内幸町の放送会館は建設に着手したばかりで、完成は十三年だった。

入局した頃の給料は四五円だった。その頃課長以上は年俸で、月額にすると課長は二六〇円、部長は四六〇円ぐらいだった。部長を三年やると家が建つと言われたものだった。

その頃は管理部門が絶対的な権限を持っていた時代で、入局試験の上位は皆経理部や人事部といった部に配属されるのが常で、運良く好成績で入局した私も経理部主計課に配属となった。

当時経理の中でも現金を扱う出納係は主計課の中に、網で囲まれた囲いの中にいて、お金の出し入れをしていた。出納係は秦主任といった。

金銭に対する考えは厳しく、私も一度、勘定が合わないということで、明け方まで残されたことがあった。

前にも触れたが、部長は中村寅市といった。この中村部長に私は徹底的に仕込まれた。当時は稟議制といって、すべての事項は、「何々に関する件」と書いた伺い文書を持って関係部課のハンコをもらって歩く方式である。ハンコが全部揃うと決裁となり、はじめて文書に書かれた中身が決定する。

この文書の文案を私が書いて中村部長に持っていくと、ほとんど全部赤ペンを入れられた。入局してすぐ立派な文書は無理だから、最初から万年筆で書かないで、消せるように鉛筆で書いて来なさい。そうしたら手を入れてあげる、ペンで書きなおせるからと言われた。

厳しい中にも温かい心の持ち主だった。

私の仕事は、受信料を集める集金人の人たちの旅費などの計算係である。現金を出し入れする係の周りは金網で囲まれていたのも今思えば異様な光景だった。旅費の計算一つまで中村部長は細かく指導してくれた。

例えば、一枚の切符で横須賀まで行って、帰りは渋谷に寄って内幸町に帰る場合を考えるとする。回遊で買う場合と、普通の往復で買う場合で料金はどれだけ違うか。また何度か、途中下車をして集金をする場合、その都度、切符を買う場合と通して切符を買う場合との差額など、どちらが有利であるかなど一つ一つ教えてくれた。

実際、私の計算は高くつき、部長の計算した旅費はだいぶ安くなっていた。部長の指導は、単に細かいということよりも、受信料を大事に使うことを我々に叩き込むのが狙いだったと思っている。

日常生活全般にわたって細かいことでも有名だった。

戦後、間もない頃は、どこの建物でもトイレは男女の区別がなかったから、特に女性は水を流しながら用を済ませる場合が多かった。お互いその水の流れる音や紙を揉んだりする音に気を使う洗面所だったとも言える。

しかし中村氏はどんな紙を使っているか、もし事務用の用紙を使えば、紙を揉む音で分かるからと言って、公私混同をたしなめたという話もあった。今なら、考えられないことである。この話は、聞く人によっては誠にけしからぬ発言であり、今ならたちまちセクハラということで大騒ぎになるところである。そこまで厳しく考える必要は無いという人も結構いる。しかし人様から預かった受信料はともすれば安易に使いがちであるから、たとえ紙一枚といえども公私の区別を厳しくし、受信料を無駄にしないよう、日常の出来事を通じて、節度と節約を教えた人だった。

当時、聴取料は月額五〇銭だった。放送開始一〇年を機にそれまで七五銭だった聴取料を値下げしたのだった。

中村氏のエピソードを語るついでに、一〇年ほど後の話をしたい。中村氏は経理部長から、広島中央放送局長になった。当時、中央局長は理事だった。

一度広島に呼ばれたことがあった。その時の放送部長は元アナウンサーの杉本亀一氏で、杉本氏と一緒に広島の牡蠣をご馳走になったことがある。

ちょうど風の強い日だった。

食事に行く途中、杉本氏は咥えタバコだった。おい君、風が強いからタバコは危ないぞと中村局長に注意され、杉本氏が吸っていたタバコを路上に捨てると、君、この風の強い日に、火のついた煙草を捨てたら危ないと言われ、杉本氏がくすぶっている煙草を拾って手で消しなおした。

歩いていく途中、銭湯の煙突からものすごい煙と火が上がっているのを見ると、おい杉本君、火事じゃないか、煙の立ち方が異常だ、番台に行って注意したほうがいいと言って、放送部長を銭湯に走らせたりした。

牡蠣舟に上がるために靴を脱ぐのを中村氏はじっと見ていた。脱いだ靴は斜めに立てておきなさい。空気の流通を良くして早く乾燥させるためだと言って、自ら自分の靴を脱いで立てて見せた。

その日の食事は食べきれないほどのご馳走だった。牡蠣を煮たおつゆを残すと、長澤君、ご馳走になっておつゆを残すのは失礼だ、こうやって残らず飲むのだと私の椀をとって飲んで見せ、全部、飲み干してご馳走様と言うのだった。万事こんな調子であった。

中村さんには綺麗なお嬢さんがいて、先輩だった池田幸雄さん、後で役員になる人だったがその池田さんから、私にそれらしい話があったような記憶がある。私はお嬢さんを存じ上げなかったし、上司の娘さんをもらって、自分がもし偉くなったりしたら、お嬢さんの力だといわれるのは恥だという頑な考えだったから、お会いする前にお断りしてしまった。誠に失礼なことをしてしまった。

管理部門のどこも威張っていた。あの頃、文書課なども羽振りが良くて、三〇人ぐらいのタイピストがいて、伺い文書のタイプを打っていた。皆、いいところのお嬢さんで美人で、局内は華やかだった。

社内恋愛はご法度で禁止されていたが、そんなことを言う本人がちゃっかりその中の一人と結婚したりしていて、その意味でも管理部門は特権意識が強かった。結局、ご法度は建前だけで、本音は人の目に付かぬように、デートするなら千葉か埼玉でというものだった。

私が生まれた荻窪の家は、代々この土地の庄屋で、地域の人々からは、それなりの尊敬を集めていたようだ。

しかし若かった私は義理人情を重んずる曽祖父や両親の温かい愛情が理解できず、経済的にも不自由なことなく、甘えに甘えて遊びほうけ、好き放題に生きていた。明確な進路を持たない「自分勝手主義」を通してきた、まあ一種のガキ大将だった。

このような野放図な男を、中村部長が一人前の社会人として扱い、ビジネスはもちろん、礼儀作法から人間の生き方まで厳しく仕込んでくれた。

中村氏はやや偏狭と思われるほど細かく気を使う、いわば人生の達人であるが、その片時もゆるがせにしない厳しい指導のお蔭で、私は人生の意義に目覚め、仕事に精を出すことを覚えた。

中村氏のような人にめぐり合うことがなかったら、どうなっていただろう。私は今なお、中村部長はわが人生の最大の師と考え感謝をしている。

中村氏はＮＨＫ定年後、国会の次官級の専門員（調査室長）になっている。信じられないことだが、当時は民間から採用する制度があった。中村氏は独力で挑戦し、衆議院の逓信委員会での次官級の専門員になった。

毎年、予算事業計画を国会に提出し議決してもらわなければならないＮＨＫとしては、退職後も何かと中村氏に世話になることが多かったようだ。

そんなこともあって、ＮＨＫは中村氏を定年後、放送文化研究所の顧問として処遇した。しかし中村氏はほとんど顔を見せることなく、とうとう時の所長が中村氏の机を片付けてしまったことがあった。

そんな時に限って中村氏がやってきて、自分の机がないことに気がつきひどく怒ったことがあった。誰も謝ってなだめる人がいないので、誰かの入れ知恵だと思うが、中村氏をなだめるのは長澤しかいないということになって私にお鉢が回ってきた。楽な役ではなかった。

歩兵第五十七連隊入営

昭和十二（一九三七）年の入営だから、NHKに入局して翌年の入隊である。入隊した歩兵第五十七連隊は千葉県佐倉にあった。入隊後は外部との接触はまったくなく、軍律は厳しかった。軍隊での任務とは何か。責任とは何かを叩き込まれ、己を犠牲にした辛抱、我慢など、理屈なしの徹底した教育訓練をうけた。

入隊後二カ月で満州に派遣された。

満州は北満である。はじめは橋頭《キョウトウ》に次に孫呉《ソンゴ》に進駐し北満の守りについた。

当時、日ソ両国ともスパイ合戦だった。満州に派遣されてかなり後になって、カンチャーズ川を挟んでの謀略合戦があった。ソ連のスパイはこの凍った川を歩いて渡ってくる。皆真っ白い服を着ている。真っ白い雪景色で白い服なら分かりにくいからである。

それでも運が悪ければ捕まる。スパイを捕らえても殺さずに、近くの木の幹に縛り付けておく。縛り付けておいたスパイを棒切れで叩いて吐かせる。時に現地の人をスパイと間違ってトラブルになることもあった。

情報を提供してくれたスパイには、こちらのスパイ教育を施して、ソ連側に向けて放つ。するとソ連側はまたまた、捕らえてスパイ教育をする。まさにシーソーゲームで、私は大隊副官として、これらの対策には本当に悩まされた。

一度、初年兵教育を命じられた時、伍長や軍曹といった下士官を連れて孫呉の町に繰り出したことがあった。下士官連中に少々酒を振舞ったのだが、強くない私は不覚にも飲みすぎて酔い、前後不覚に陥ってしまった。

ちょうど巡察に来た砲兵大尉に何か咎められたか、持っていた軍刀を抜いていきなり切りつけた。

もちろんタダで済まされるものではなかった。当時は降職という制度もあったから心配したが、初年兵教育中だったことや、酒が弱いのを無理に飲んだこと、何よりも砲兵大尉が大酒のみで酒による過失に寛大だったことから、厳重注意を受けるだけで、厳罰は見送られた。危機一髪のところだった。それ以来私は酒を慎むことを自らに命ずるようになった。

ノモンハン事件にも参加した。目的地のノモンハンに向かって、とにかく歩いた。歩いて歩き続けたことが記憶に残っている。戦局が不利になってくると、あらゆることが起きてくる。ノモンハンに行く途中、気が触れてカミソリで首を切る兵隊もいた。疲れきってせっかく持ってきた食糧や水筒、中には装備品まで捨てていこうとする兵隊もいた。

壕を掘って対戦したが、なかなか厳しい戦いだった。野戦病院がたくさんのソ連の戦車に囲まれ、弾丸一つ撃てなかったという苦い経験をした。日本軍は苦戦だった。空中戦では優勢だったのに、地上戦では負け戦だった。

孫呉からノモンハンに向かった第五十七連隊では木村大佐が連隊長だった。前任者の畑彦三郎連隊長がハルビンの日本領事館で駐在武官をしていた。少将にはなっていたと思うから、この人がその後のノモンハン戦略を考えていたようである。

ノモンハンで玉砕させることなく、停戦にもっていったことの意義は大きい。大事な命を救うための停戦だった。それには大変な戦略と努力があったのではないかと思う。

NHK復職、報道部配属

松岡外相単独インタビュー

昭和十五（一九四〇）年、除隊になりNHKに復職した。復職を契機に報道部に配属になり、報道部告知課（現在のアナウンス室）所属になった。録音ニュースやスタジオ外の中継生放送が主たる業務だが、中継番組はすべてここで担当していたから、舞台中継や邦楽ものはもちろん、スポーツや観兵式の中継も担当だった。

忘れ得ないのは、時の外務大臣松岡洋右が日独伊三国同盟を結んで立川飛行場に帰ってきた時のことである。

当時日本は昭和十二（一九三七）年に始まった日中戦争の処理に苦慮していた。アメリカは蒋介石と結んで日本に中国大陸からの撤兵を求め、撤兵がなければ、日本に対して石油や鉄くず、綿花などの必需品の輸出を禁止すると脅かすなど状況は逼迫していた。

アメリカだけではなく、ソビエトやイギリス、オランダなど、日本を包囲する連合国の動きの中で、孤立していた日本が起死回生の奇手として結んだのがドイツ、イタリアとの同盟だった。今でこそ三国同盟は松岡の国際連盟脱退とならんで、日本外交の中でも松岡の暴挙とされているが、追い詰められていた当時の日本にとっては大歓迎であり、松岡は凱旋将軍のような存在だった。

その松岡にインタビューできるかもしれないとあって、まだ駆け出しの放送マンである私は興奮していた。

その頃は今のような携帯用の録音機はなく、大きな円盤式録音機を車に乗せて立川に向かった。飛行機が立川空港に着くや、私は一人でマイクを持って走った。警備がそれほど厳重でなかったのか、よほど上手に警備の穴をかいくぐったのか覚えてないが、気が付くと私はタラップを駆け上り、扉を開けて飛行機の中に入っていた。

松岡外相は機内の椅子に腰かけていた。

私を外務省の人間と思ったのだろう、なんの警戒心も示さない。私も怖いもの知らずでいきなり、ご苦労さんでした、いかがでした、とマイクを差し出した。すると松岡は「三国同盟ができてよかった。ソ連に対するためにもドイツとイタリアとの同盟は欠かせない」と澱みなく答えてくれる。松岡外相は右手を負傷して包帯を巻いていたので左手で握手をしてくれた。

信じられないラッキーなことだった。

外は凄い雨だった。録音盤をぬらさないようにしっかり抱きしめて、立川駅から新橋駅まで電車に乗り、土砂降りの中を新橋から局に急いだ。もうこの時は内幸町にできたばかりの放送会館だった。二階の報道の部屋に駆け上がり、編集を済ませて必死に原稿を書いてデスクに回した。七時のニュースに間に合った。特種《とくだね》だった。会長特賞をもらった。これがＮＨＫ復職の初仕事になった。

この後、中華民国主席の汪兆銘が来日した時も、同じように警備のラインを越えてインタビューしようとしたが、この時は捕まってしばし警察に留め置かれた。横山重遠報道部長がもらい下げに来てくれた。

松岡外相の時が奇跡に近い幸運だった。

陸軍宣伝班員としてペナン放送局長に

昭和十六（一九四一）年十一月、二十六歳の時である。太平洋戦争が始まる直前に陸軍宣伝班員となった。宣伝班は一〇〇人以上はいたと思う。当初は大阪城に集められたことを覚えている。この中には記者、画家、作家、カメラマンなど大勢いた。作家の井伏鱒二や海音寺潮五郎、中島健蔵、入江徳郎等もいた。

間もなく一万トン級のアフリカ丸に乗せられ南を目指した。我々の指揮官は栗田中佐だったが、行く先は教えられなかった。海南島沖合いまで行った時日米開戦を知った。

開戦と同時に日本軍はマレー半島に進出し、シンガポールに向かって進軍している時だった。

私たちはシンゴラの敵前上陸に参加し、マレー半島を南下した。宣伝班員は地域によって、マレー、スマトラ、ビルマなどに分けられ、私はマレー班だった。同時にペナンに放送局を開設して局長を命じられた。ここを根拠地に、謀略放送など種々の宣撫工作や宣伝を担当させられた。

ペナンはマレー半島の西海岸にある。長い間イギリスの植民地だった風光明媚な小さな島である。イギリス人や華僑のトップクラスの避暑地で、小パリなどと呼ばれていた。

戦争のさなかではあったが、我々も仕事の合間にはその優雅な避暑地気分を味わった。

その頃、我々と一緒にいた陸軍の宣伝班員で後に北日本新聞の論説委員長になる、松本直治氏は著書『大本営派遣の記者たち』の中で書いている。

海岸沿いのノースブリッジ・ロードの海岸を散歩するアベックを眺めるのも楽しいひと時である。夕陽の沈む頃になると、自転車が列を作ってやってくる。素足になって波打ち際に波と戯れるペナン娘、そして夕陽が島影にまったく沈んで辺りが暗くなると、ふたたび自転車で口笛を吹きながら我が家へと帰っていく。街にはほの紫のガス灯が印象的だった。

その当時、日本から毎月『主婦の友』や『婦人クラブ』を取り寄せていた。日本の中の直近の話題を探すのには一番便利だった。放送局の仕事と言っても、一口に言ってしまえば、宣撫工作だったから、日本のよさを伝えることが必要である。よくこれらの雑誌から記事を拝借して原稿を書き、アナウンサーに読ませたものだった。

ペナン放送局の責任者だった私は新聞のチェックはもちろんのこと、映画や新聞雑誌の検閲をはじめ、クラブ、ダンスホールの営業許可権を持っていたから、ダンスホールやクラブにいけば下にも置かない待遇を受けた。

ダンスホールには宣伝班員の特別席があった。私は早稲田時代、不良青年でダンスも二年は習っていたから、結構楽しませてもらった。

ペナン放送局はシンガポールにある司令部からの指令で動いていたから、週何回かはシンガポールに報告に行く必要があった。司令官は後に陸軍大臣になる寺内寿一大将だった。

途中ゴムの林の中を通り抜けるのが命がけだった。ゴム園の中は常にスパイの襲撃を覚悟する必要があり、実際何度か銃撃に遭い生きた心地がしなかった。幸い銃弾に当たらなかったが、夜の世界で特別席を用意してもらっていた時とは天国と地獄というか、この時ばかりは軍人の気持ちに戻る時間だった。

一つ、今でも慙愧な思いに駆られることがある。ペナンには現地人のよりどころである御社があった。休日の日その御社に車でお参りに行った。

時速一〇〇キロは出していたと思う。現地のおばあさんを引っ掛けてしまった。慌てて車を止めてみると、幸いにも命に別状ないのでほっとした。かすり傷程度だった。お金を包み、これで治療して欲しいといっても、なかなか受け取らないので困った。後で面倒なことになるといけないと心配しているようだった。

あの人は完全に治ったのだろうか、長いこと心配だった。私が日本国内で運転免許を取らなかったのも、一つにはこのことが心の中にあったからだった。

山下パーシバル会見を取材

忘れ得ない思い出は、ジョホールバルで山下奉文将軍とパーシバル中将との、イエス・ノーの会見を取材したことだった。

マレー半島の南端、シンガポール島にかかる橋を渡ったところがジョホールバルで、日本の軍司令部がおかれていた。司令官は寺内寿一大将でその下に山下奉文将軍がいた。山下将軍は戦車部隊を連れて南下していた。

二月中旬だった。戦争の山場だったブキテマ高地でイギリス軍が破れ、戦争が終結したというニュースが入ってきた。

ジョホールバルにある自動車工場で、敵味方のトップが会見することになり、この自動車工場で山下将軍が机を叩いてイギリスのパーシバル中将にイエスかノーかを迫った話は有名である。

はじめはパーシバル中将が停戦を申し入れて来たのを、山下将軍が降参するかしないかしかない、イエスかノーかと迫ったものだった。

このイエス・ノーの現場に立会い、記事を書いて送ったことは覚えているが内容は忘れてしまった。真珠湾攻撃以来、日本の戦勝ムードが続いていた時である。山下将軍も必要以上に気負っていたように思われた。

話はペナンに戻るが、ペナン放送局で女子のアナウンサーを採用することになった時である。放送局の職員のインド人が才色兼備でとてもいい女性がいますと言うので、一人の女性と面接した。美人で頭もよくしっかりしたお嬢さんだったから採用してみると、なんと推薦したインド人のお嬢さんだと分かった。

娘自慢は日本人にもいるが、多少の遠慮や恥じらいを持って推薦するのが普通である。これほど堂々と娘を自慢して紹介する人はいない。やはりお国柄が違うとこうなのかとしばらく考えさせられた。

ペナン放送局には四百坪ほどの庭があり、イギリス国王の銅像が建っていた。普通なら銅像を倒して、日本語で書いた放送局の看板を立てるところを、私は銅像は壊さず、ベニヤ板で囲み、その上に「ペナン放送局」と書くように中国人の技術者に指示した。

敗戦後、私にも戦犯の容疑がかかったらしかったが、この時の技術者が長澤局長は銅像を壊すことを反対したと証言してくれたお蔭で戦犯を免れたらしい。まあ、慕われて命の陰に蝉しぐれですよ。

日本が優勢だったのは束の間で、日独伊の枢軸国の優勢はまもなく、連合国優勢に変わった。

私はその前に除隊になり、日本に帰った。

帰りはシンガポールから船で台湾に寄ったが、戦争が終わっていない時だったから、潜水艦にやられるかもしれないというので、皆、浮き袋を持っていつでも海に飛び込む用意をしていた。

無事台湾に上陸し、テンプラバナナをはじめて食べたのだが、バナナはガソリンの原料になるというので、日本で食べることはなかった。

知覧の特攻隊基地を取材

ＮＨＫに戻ったのは昭和十八（一九四三）年である。

もっとも忘れ得ないのは、昭和二十（一九四五）年春の特攻隊の取材である。アナウンサーは後に広報室長になる飯田次男君だった。

特別攻撃隊の基地、鹿児島県の知覧。世界戦史に例を見ない、一機よく巨艦を屠る必死必中の体当たり攻撃隊が編成されたのは、昭和十九（一九四四）年のフィリピンのレイテ戦だった。その後戦局は急速に悪化、昭和二十年米軍の沖縄上陸作戦に対抗し、本格的な特攻隊が編成された。沖縄戦だけで散華した一〇三六柱の多くがこの知覧から出撃したのである。

知覧の兵舎を訪ねたのは夜だった。さっそく若者たちの兵舎を訪ねてみた。兵舎は思ったより静かで、不気味なほどだった。机に向かって手紙を書く者、残された家族に寄せ書きをする隊員、中には互いに腕相撲をする隊員もいた。手紙や遺品、遺言書などを両親に届けて欲しいという人が何人かいた。皆可愛い少年だった。

寝ている部屋をこっそり覗いてみた。明日出撃する兵士で、ここは部屋全体が異様な雰囲気に包まれている。彼らは静かにベッドにもぐってはいたが、しばらく見ていると、誰一人眠っている人はいない。聞けば、夜中も一睡もせず、朝になるとそのまま出撃するのだそうだ。

翌朝はいよいよ出撃開始である。司令官をはじめ隊長が見守る中を、一機また一機と飛び立っていく。九二四メートルの秀麗な開聞岳が姿を見せる。皆この山に敬礼をして飛び立っていくのだそうだ。

中には、心の中の名状しがたい興奮のもって行き所がなく、滑走路を走り出してから、離陸できずに、爆破したものもいた。

出撃の前の数日は、ひと時でもそのことを忘れたいのだろう。明日になれば二度と生きて帰ってこられないのだから。そう思うだけで可哀相だった。

場末の飲み屋で深酒をあおって最後は前後不覚になり、口論や喧嘩が絶えなかった。これは軍の機密だったが知る人は知っていた。

「明日は飛び立ったら帰ってこないのだから、可哀相であまりとがめだてもできない。どうやって慰めたらいいのか本当に困りました」

後で飲み屋を訪ねた私に女将はしみじみそう言って涙を流し、私も思わずもらい泣きをしたことがあった。なんとも哀れで気の毒だった。

かった。

北千島前線基地録音隊に参加

北千島取材の企画は、当時の札幌中央放送局長である西本三十二氏の努力に負うところが多かった。

取材の狙いは、皆の関心がやや南方に偏りすぎていないか。NHKの職員も南にはいろいろな形で派遣されているから南の情報は皆が知っている。北のほうは情報も少なく、関心も薄いことに対する注意を喚起することも一つの狙いだった。

しかし戦時中に北千島を取材するのは軍の機密に触れることでもあり、簡単に許可は出ない。西本さんはこのことを本部とも相談し、NHK時代の私の仲間で、当時北部軍にいた佐坂少尉と緊密な連絡をとり、実現を見たものである。

東京からアナウンサーの和田信賢、札幌から金谷良信、私が取りまとめを命じられた。計七人で北千島前線基地録音隊を編成した。

昭和十九（一九四四）年九月、小樽から砕氷船、高島丸に乗って北千島の幌莚《ホロムシロ》に向かい、三七日滞在した。高島丸に乗っている途中、アメリカの魚雷に悩まされ続けた。魚雷探知機がブーと何度か不気味な音を立てるのを聞いた。砕氷船は船底が浅いため、ローリングが激しく、右左と放り出されるように動く録音機を守るため、和田信賢などは録音機にしがみつきながら、必死に機械を押さえようとした。

一度魚雷の発射に遭遇したらしいが、砕氷船は氷の上を滑るような構造だったから、魚雷は船の下を突き抜けて行ったのが幸いだった。

しかし高島丸は我々を降ろしたその帰路、アメリカ軍の魚雷によって沈没したと聞いた。本当に紙一重だった。私はわが強運に感謝した。

取材は終わっていたものの、和田アナによる実況放送を収録した録音盤一一枚も半分ほど海の藻屑と消えた。残り半数を持ち帰り放送することができたのは幸いだった。

北千島方面の司令官が山崎大佐だった。後にアッツ島玉砕で知られる山崎保代大佐である。大佐は私が幹部候補生として学んだ時の千葉歩兵学校の校長だったから、長澤が来たと聞いて大変喜んでくれた。

後に札幌放送局長になる澤田晋の兄、千葉歩兵学校の私の同期生、澤田八衛大尉がいて、取材の便宜を図ってくれただけでなく、折にふれて食糧なども差し入れてくれるなど、奇しき縁のお蔭で、北千島での取材はおおむね成功した。

そんなこともあって、まだ士官学校の生徒だった弟の澤田晋が、終戦になってＮＨＫを受験すると聞いて、当時札幌での入局試験に試験官として来ていた理事の南江治朗に頼んで成績を調べてもらったことがあった。後で南江氏は「心配は要らない、文句なく優秀だ」と連絡してきてくれた。澤田は実力で悠々合格したのである。思えば澤田八衛を含めて、澤田兄弟には本当にお世話になった。

ところで、このあたりは鼠が多く、子猫ほど大きい鼠が散見できた。人がほとんどいないから、鼠も海の魚だけ食っているから、黴菌はないはずだからと言って、鼠を食った物好きもいたようだった。

海はどこも綺麗だった。

海岸近くの海にはカレイやヒラメがたくさん泳いでいて、浅瀬だったので、竹棒で突くといくらでも獲れた。獲れたての魚をその辺の要らない枯れ葉や木屑を燃やして、焼きたてを食べる美味しさは格別だった。

しかし煙を見ていた北部軍の参謀から、爆撃の対象になる、今煙を出すなどはもってのほかと、こっぴどく叱られた。

札幌に帰ってみると、西本三十二局長はわがことのように大喜びだった。西本局長のアイデアに基づいて札幌局が大本営のお墨付きをとり、月寒にある北部軍司令部と交渉してまとめた企画だっただけに、取材の成功をことのほか喜び、我々をグランドホテルに連れて行っての打ち上げとなった。

その日はちょうど大詔奉戴日だった。日米開戦以来、開戦を記念して毎月八日を大詔奉戴日とし、前線で戦う軍人に思いをいたし、戦意高揚を狙った日で、アルコールは禁止だった。

静かに飲んでおればよかったものの、飲むほどに酔うほどに、かなり大きな声を出していたのだろう。禁を犯して隠れて飲んでいたのが憲兵に見つかってしまった。さっそく、札幌局の生え抜きの庶務課長が司令部に謝りに行ってくれたが簡単には許してくれない。

結局、北部軍にいたNHK職員だった、佐坂少尉に働いてもらった。佐坂は東大野球部の選手で、私の仲間でもあった。ここでもご縁が役に立った。

また北部軍の参謀長の木村中将にも頼んだ。木村中将は私が北満の孫呉にいた時の連隊長で、私が連隊旗手を命じられていたから、よく覚えていてくれていた。連隊旗手は本来士官学校出身がなるのだったが、この年は皆中尉に昇進したため幹部候補生上がりの私に回ってきたのだった。

連隊旗手は連隊長と寝食をともにしたから、ある時君は碁を知ってるかと聞かれ、少々と言うと教えてくれと言う。子供の頃、曽祖父の秀吉爺さんに教わった碁が役に立った。そんな関係だったから、「おい、長澤を許してやれ」の鶴の一声で無罪放免になった。私は今さらのように、人との奇しき縁を感じて自分の幸運に感謝した。

その頃になると、東京では毎日のように空襲警報が鳴るようになった。戦時中とあって警報もNHKの仕事ではあったが、空襲警報となると東部軍管区に切り替えられ、軍管区から直接、警報放送を行うことになっていた。

戦局が激しくなるにつれ、警報も昼夜を問わず必要となり、むしろ放送局側から、交代で皇居に近い竹橋にある東部軍に行くことになり、私自身毎日のように東部軍に詰めた。

東京大空襲の後になると、灰燼に帰した東京は電車もろくに通らない期間もあったから、荻窪の家から竹橋までよく歩いた。

途中米軍の機銃掃射に遭い、鉄片に当たってやられたと思った時があった。幸い弾丸でなく薬莢板が落ちてきたものだった。痛いだけで済んだが、生きた心地がしなかった。よくぞ大きな怪我にならなかったものと思う。

玉音放送にかかわる

八月十五日、あの終戦の玉音放送の時、宮内庁の中で収録した昭和天皇の録音盤を、終戦に反対する青年将校が奪い取ろうとしているという不穏な噂があった。

私を可愛いがってくれていた報道局長の高橋武治氏があの終戦の玉音放送の時、放送会館の玄関に待機していて、宮内庁から持ってきた録音盤を受け取って、スタジオまで運ぶ役目だった。その護衛とアシスタントを務めたのが私である。

当時、陸軍が録音盤を奪おうとするという危機一髪の動きもあった。またNHK内部に予想しがたい動きもあり、何が起こるか分からない状況だった。円盤を受け取ってスタジオに運ぶ役は大変な役目だった。スタジオは確か一階だったと思うし、一〇〇メートルと離れてはいなかったが、スタジオに入ってあの重い扉を閉めるまでは、震えるような緊張の連続だった。

これにはいろいろな説があるが、私はこの目で見ている。立ち会った私としては、高橋局長が運んだのが歴史の真実だと思っている。

第三章　実況課長になる

昭和二十一（一九四六）年六月、実況課長に就任した。三十一歳だった。後に詳述するが、当時父とは勘当に近い関係だった。父も複雑な気持ちだったと思う。普通なら簡単に喜ぶことはしない父だったが、母を七年前に亡くし、多少気が弱くなっていたこともあったのだろう。怖かった父が一番喜んでくれた。困り果てた息子がとにかく若くして課長に抜擢された。心を入れ替えて成長してくれたのだ。父にしてみればどんなに嬉しかったことか。

三十一歳で課長になってみると、課内には自分より年上の人やベテランの人がたくさんいる。果たして自分がこれらの人たちを統率して成果を上げることができるだろうか、一抹の不安があった。

結論は部下を相棒と考えることだと思った。言葉だけでなく、本当に同僚と考えること。部下を部下と考えずに、ともに力をあわせて同じ目的に向かって進む仲間と考える。この仲間と一緒に、具体的な成果を上げることを措いて組織運営の決め手はないと考えた。私は心の底から仲間に徹することにした。

一升瓶に二升は入らない。一升瓶をまず満杯にすることを考えるべきだ。雨が降ったら傘をさすこと、ずぶぬれになることは褒めたことではない。

つまり分を知ること。あたりまえのことをキチンとやることだと自分に言い聞かせた。私は自らへの戒めとして「誉れを求めるよりも恥を厭う」古人の言葉を肝に銘じた。特に優れた能力があるわけではない私にできることはそれしかないと思った。私はこれまでは本当に運に恵まれてきた。

松岡外相インタビューでも普通なら入れない空港のゲートをすうっと通って飛行機の中まで入っていけた。北千島に行った時は、魚雷が船の下を抜けていき、我々が下船してから帰路に命中している。

北満州では私と並んで壕に入っていた戦友、小川中尉が鉄兜を直撃されて即死した。私とはわずか一〇センチの違いだった。

北千島に行った時は、少尉時代に可愛がってくれた北部軍の木村中将が参謀長だったから何かと便宜を図ってくれた。

少なくともこれまでは運に恵まれた。この運を大事にすることだと思った。運とは何だろう、結局人と人とのめぐり合わせの妙だろう。そう考えれば人間の関係を大事にすることしかない。

この世の中には人様しかいないのだから、人の力に支えられて生きることに思いをいたし、人とのご縁をますます大事にしながら、歩調を合わせることだと思った。

信なくば立たず、信こそわが命である。重ねて言う。信こそＮＨＫの生命線である。昨今のたび重なる不祥事による信頼の失墜も、一年や二年はもちろん、三年四年でも回復は困難ではないか。それほど作り上げるのが難しいのが信頼である。

ゴトク戦略

さらに私は仕事にパンチを利かせるため、三本足で立つ「ゴトク戦略」というものを自らに課した。年配の人は誰でも知っているが、ゴトクは火鉢の灰に立てて、薬缶などを載せる鉄でできた三本足の台であるが、「ゴトク戦略」の意味はこうである。

例えば机は四本の脚でしっかり立っている。これを一本減らして三本にしても大丈夫である。現に三本脚のテーブルはあるし、三本でもしっかり立っている。

しかし四本との違いは、四本あれば、少々狂いがあっても、倒れることはない。それに比べて三本の場合は、少し計算が間違えば倒れてしまう。つまりそれだけリスクが伴う。緊張感がある。

少しオーバーに言うと、四本の机は何の知恵も努力もなしで立っていると言える。しかしそれでは競争には勝てない。三本にすれば一本分、力を節約することだから、危険を伴う。しっかり計算があっていなければ倒れてしまう。無駄な力を使わないだけ厳しい工夫がいるのである。

ゴトク戦略とは、この四を三にすること、つまり二五パーセント節約である。同じことを早くやる。スピードを上げる。能率を上げる。より少ない力で同じ成果をうる経営である。

番組を作る場合も、私は常に四本を三本にすること、つまり少ない経費で早く、しかも同じ成果を上げるよう課内の諸君に求めた。

何事も人に先んじなければ功は奏さない。半歩人に先んずることが勝敗の鍵と私は考えた。

ＮＨＫのような公共放送にも、もちろん人に先んずる精神が必要だ。昨今のＮＨＫへの風当たりを見ていると、どうも世間より経営が遅れて受身になっているように思えてならない。

どの企業だって百点満点はない。多少間違っても視聴者より先を行くことだ。先を行くことは冒険だ。しかし危険を進んで受ける覚悟で実行すること。それによって視聴者に期待感、信頼感を持ってもらえる。それが経営だと思っている。

今思い出すと、実況課時代の仲間で存命の人となると、中道定雄、小田俊策、石毛乾次、沢枝守、川島芳雄、高橋安代ぐらいだろう。あと一人二人いることを願う気持ちである。

「街頭録音」はじめる

「街頭録音」は新しい形式の番組だった。娯楽番組における「のど自慢」と並んで、一般大衆が参加できる番組だった。

はじめは「街頭にて」という静かに通行人に話しかける、あるいは街頭で一人のゲストと話す番組を考えた。昭和二十一（一九四六）年六月「あなたはどうして食べていますか」のテーマでマイクを街に持ち出したのが第一回だった。

そのうち、アメリカの番組「マン・オンザストリート」の手法を生かして、アナウンサーと周囲の人との対話や討論を盛り込んだ番組にし、藤倉修一を専任のアナウンサーと決め、間もなく「街頭録音」の名前で定着した。

藤倉の街頭インタビューで街の話題をさらったのが、新橋駅のガード下での街娼をインタビューした「ガード下のおとき」である。石毛乾次の企画で小田俊策と沢枝守がプロデューサーとして活躍した。

しかし藤倉氏がアメリカで開発された携帯用録音機に目を付け、番組に持ち込んだことはあまり知られていない。携帯用録音機はやがて技術研究所で改良され、デンスケの愛称で、ニュース取材や社会番組にかかせないものとして普及するのだが、その端緒を作った人が藤倉氏だった。

街頭録音ははじめ、新橋駅前を考えたが、もっと都心らしい場所ということで、銀座資生堂前に進出し、やがてその収録風景は銀座名物となった。

しかしこれにも秘話があった。はじめ資生堂は会社の前で街頭録音が行われることを必ずしも歓迎していなかった。街頭録音といっても騒がしいだけぐらいにしか考えてくれなかった。しかし才色兼備の誉れ高かった、オペラ歌手の藤原義江夫人の藤原あきを資生堂に送り込んだこともあって、警戒ムードはほどなく歓迎ムードに変わっていった。

その後、藤原あきはその美貌と才知で資生堂の美容部長として、NHKの人気番組「私の秘密」のレギュラー回答者としても名を馳せたことは、古垣会長の項でも述べたとおりである。

ところで街頭録音はマイクを一般大衆に開放したという意味では画期的なものだったが、制作者としては悩みも多かった。

蓋を開けてみると、人が集まらない。またせっかく人が集まっても、ものを言わない。今まで日本人は皆の前で意見を言うことには慣れていなかった。その頃はラジオ時代であるから、黙っていられることは放送にとって致命傷だった。

誰も話さないからといって放送に穴は空けられない。困り果てた一人の担当者は群集を装って、自分で喋って時間をつなごうと考えたが、私は許さなかった。どんなことがあっても、これだけはやるべきではないと厳しくたしなめた。ではどうすればいいかと聞かれてもなかなか難しい問題だった。これこそやらせの一種であるといって非難するのはたやすいし、放送制作者にはこの種のピンチと誘惑がつきものであるが、だからといって許されることではないのだ。

そのうち、逆現象が出てきた。喋りすぎる常連が現れたのである。

世論を誘導しようとする意図的な集団によって、マイクが占領されるという予想外の事態が生まれたのである。賛成、反対、中立と自然に意見が分かれ、それぞれ説得力のある発言が出れば、聞いていて気持ちがよく番組として成功なのだが、あらかじめそのような人集めはできない。

意見が適度に分かれるのは、理想的だが、バランスが取れすぎるのも作為的である。時にはある考えに集中するのが本当の姿であり、自然体ではないかとの意見もあった。だからといって偏った意見の街頭録音を放送できない。視聴者からみて、公共放送として適切な放送なのかという問題に発展する。悩みは尽きなかった。

街頭録音があるから参加して欲しいと知り合いに声をかけるのも、よく考えれば難しい問題だった。偏った意見の持ち主だからその人に声をかけないとか、いい意見を持っているからその人に声をかけるのも、やりすぎた場合は世論の操作につながるからである。

名誉毀損と言論圧迫のはざまで

街頭録音で苦い経験がある。四国のある小さな町での出来事である。確か「街を明るくするために」という題で、特定のボスがいることで知られる町で収録した時のことである。

街頭録音の中で、たまたま喋った人が学校の先生で、どうやら警察と暴力団との癒着があるらしいことを話し、そのことが街を明るくできないネックであると証言した。

現場には警察の人も来ていて、収録が終わるとすぐ、その先生は警察の人から、今の発言について、特に具体的な事実があるなら教えて欲しい、警察も反省の材料にしたいと言われた。先生は、いや具体的なことがあるのではなく、一般論で言ったまでであると答えると、再度反省の材料にしたいのでぜひ教えて欲しいと言われ、気味が悪くなったと言っている。

翌日学校に行くと、今度は警察の人が三人ほど校長先生を訪ねてこられ、校長のいる前で、昨日と同じことを話し、改めて返答を求めてきた。先生は重ねて具体的なことはないと言うと、根拠のないことなら、警察に対する名誉毀損になる、警察としては名誉毀損で告訴することもありうるので、知っていて欲しいと言われた。

なお時間があれば、近日中に二人だけで話をしたいと言われ、いよいよ不気味なものを感じた。警察の態度は慇懃だが、言われた先生は脅迫あるいは言論に対する圧迫を感じ、番組で発言しなければよかったと思ったらしい。

難しい問題だった。NHKとしては重大な問題として受け取り、この問題について再度、街頭録音を行って、視聴者の意見を聞いた。

また全国放送の「時の動き」でもこれを取り上げたことで、全国に知れ渡るようになった。この問題は参議院の地方行政、法務委員会でも取り上げられた。当日は関係者である、街頭録音で発言した先生や警察署長、NHKからは編成局長の春日由三、社会課長である私も参考人として出席し、街頭録音について考えを述べた。

警察と町のボスとの癒着関係はよく言われている問題であるが、警察としても放送でそこまで言われては、黙っているわけにはいかなかったのだろう。証言した先生も警察から責められ、不気味な圧迫感を覚えたろうと思う。

NHK側としても、落ち度はないものの、街頭録音という番組の限界や視聴者参加の難しさを知らされる事件でもあった。

こういうテーマでこの街で街頭録音をやれば、このような問題が起こることは十分ありうることではあった。企画段階での想定される問題に対する準備が本当に万全だったのか、そういう反省もあった。

その先生は、収録の直後、警察官に何度も質問を受けて気味が悪くなり、その場で、私の発言はカットして欲しいとＮＨＫ側に頼んだと国会で証言している。ＮＨＫ側はカットせずそのまま放送した。

しかしもし事前にカットしていれば、明らかに言論を封ずる警察側の介入になったと思う。同時に警察という権力に対するＮＨＫ側の弱腰の問題に発展したと思われる。

この問題は、視聴者参加の番組で、不特定の人の意見を取り上げることの難しさを端的に物語っている。

利害渦巻くこの世の中で、公平であることの意味は何か。また当事者のエゴというものもどこまで批判できるものか。国会では警察の言論介入の疑いの問題として取り上げられたが、警察の立場をそんな単純な問題として処理していいものか。放送局側も綺麗なことを言って、町を騒がせていいものか。我々も若かったという気持ちである。

不偏不党で苦労した放送討論会

同じ頃できた視聴者参加番組に「放送討論会」があった。第一回は昭和二十一（一九四六）年四月、「国民は新議会に何を期待すべきか」を蝋山政道、市川房枝、鈴木東民の三人の討論の後、会場に来た不特定の人が自由に発言しあう番組である。

公開録音の場合はどれだけ人数が集まるだろうかという心配と、集まった人が限られた時間内で、特定の意見に偏ることなく、過不足なく発言してくれるかどうかが悩みで、放送討論会においても、街頭録音の時と同じように悩みは尽きなかった。

街頭録音という番組がなくなって久しい、正直言って淋しい思いである。

今でも何か大きなニュースがあると、街の声がニュースの間に挿入される。五、六人の声、時間にしてほんのわずかである。これだって大勢の歩行者からどのようにして発言者を選ぶのか。録音した発言の中から、何を基準に取捨選択するのか。厳しく考えれば、放送などできなくなるほどの問題を含んでいるともいえる。

これとは少し違う問題だが、私は海外で活躍している特派員のニュースが気になって仕方ない。言葉も生活も歴史もまったく違うところで、どのようにして彼らの生活や考えを正確に知ることができるのか。翻訳一つとっても、果たして彼らの話している意味を本当に理解しているのだろうか。

裏に流れる民族問題、宗教問題を理解せずして、問題の全体像を理解できるのだろうか。

これはＮＨＫだけではない。外国の言葉が少々できたぐらいで、彼らの生活感情が分かるはずがないではないか。外電の取り扱いでも、瞬時にして理解しニュースにするだけの専門家が関わっているのだろうか。

どこの局も自信たっぷりに放送しているのを見ると、いささか寒気がすることがある。心配しすぎであれば幸いである。

個人情報に徹した「尋ね人」

引揚者や戦災で行方不明になった身内や知人を探し求める番組で、昭和二十一（一九四六）年七月から始まった。

その年の一月から、「復員便り」は始まっていた。これは外地からの引揚者の情報や船の入港予定などを放送するものだったが、「尋ね人」では、これをさらに一歩すすめて、特定の個人を取り上げ、個人の消息を尋ねる番組にした。一〇〇％個人の情報を取り上げる番組として、異例の放送番組だった。

ところで「尋ね人」は視聴者の手紙に基づいて行うもので、演出形式はただ読み上げるだけだったが、ラジオが果たしうる情報提供番組としてはこれ以上のものはなかった。ラジオ第一と第二の放送で、一日三回放送をした。

この番組により、消息が判明した件数はかなりの数になった。番組によって解決できた割合が四〇パーセントを越え、数字にして、昭和三十七（一九六二）年までの一六年間で放送回数は三万回、そのうちこの放送がきっかけとなって何らかの解決を見たのは七万件だった。

戦後の日本にとって、もっとも公共放送らしい、国民にとっても不可欠な番組と言えたが、三十年代に入ると、戦後も遠くなり、次第に解決困難な事例が増えていった。

またその頃になると、番組を陰に陽に、私的に利用する人がいるという噂が流れた。つまりある種の暗号を特定の形容詞や単語に隠しておき、あるいは全国にいる仲間がどこかに集まるためのサインに使ったりするらしい。スパイ活動に使われる噂も流れるようになった。

このようなことが本当に事実としてあったのかどうかは分からなかったが、やろうとすればできないことではなかった。

いずれにしても世の中が落ち着くにしたがって利用率も低下し、放送の回数も一日数回から一回になり、昭和三十七年三月で終了した。

放送が個人情報を取り上げたのは、これ以後、定時番組としてはない。臨時には災害放送では何度か行われた。昭和五十三(一九七八)年、死者二八人、負傷者一万一〇二八人を出したマグニチュード七・四の宮城県沖地震の時である。

この時NHKの電波は個人の消息を尋ねる番組編成に踏み切った。

例えば「一番町の佐藤八百屋さんのご主人の三郎さん、地震の時は塩釜に行かれていたというのですが、その後どうされていますか。奥様の愛子さんが罹災した後、利府のお姉さんのところに身を寄せています。電話は何々です。連絡を取ってみてください」このようなどんな細かいものでも、依頼された情報はそのまま伝えた。

今考えると当たり前だが、その時はずいぶん悩んだらしかった。公共の電波を個人の情報に使っていいだろうか、当事者は悩んだ挙句の判断だった。仙台局での個人情報の放送は、最後は時の仙台放送局長の海林澣一郎の決断で決まったもので、ＮＨＫのこの姿勢は後に国会においても評価された。

演出課長時代

実況課長に就任したのは昭和二十一（一九四六）年六月、三十一歳の時、高野岩三郎会長の時代であった。はじめての課長職だったから、緊張もした。仲間の支援でどうにか仕事を務め終えることができた。

昭和二十三（一九四八）年、演出課長を命じられた。三十三歳である。実況課との違いは、演出課の番組はすべてスタジオ番組である。芸能ものも多く、音楽、民謡だけでなく、講演、座談会なども皆演出課が担当だった。

実況課と同じように、部下に先輩やベテランがたくさんいたが、今度は状況がまったく違っていた。とにかくこの分野はあまり縁のない世界だったし、部員に比べて自分の若さが気になった。演出課長の机の左右には、芸能関係のベテラン、高橋菊太郎、青木正副課長が腰掛けている。出演者や脚本家などは、この二人のところに来ればすべて仕事が済むので、新米の課長のところには誰も来ない。来る必要がないのだ。課長は何をしたらいいか、この人たちといかにスクラムを組んでいくか苦しんだ。

演出課長として第一に着手したのは予算制度の導入だった。それまで各番組ごとの予算を決めるという考えはなく、全体として予算がうまく執行できるように管理していた。しかし私は番組ごとにコスト意識が必要と考え、予算制度の考えを導入する決心をした。

これは簡単ではなかった。私は時間をかけて、プロデューサー一人一人と会って話を聞き、了解を求めた。本当に苦労をした記憶がある。こうして共通理解に立った上は予算の厳守を徹底させた。

ラジオ番組「歌のおばさん」に安西愛子と松田トシが選ばれた時である。

松田トシさんがウイスキーを持って新米課長に挨拶に来た。私は飲まないのでとりあえず受け取ってロッカーに入れておいた。そのうちやはりもらうべきではないと思いなおし、今度見えたらお返ししようと思っていたところ、二、三日して松田さんがやってきた。

さっそく、ロッカーを開けてみると、入れておいたはずのウイスキーがない。ウイスキーの空瓶だけはある。返しようがない。その時、このまま突き返したのでは角が立つことに気がついた。

空になっていてよかった。「この間はありがとう。もらったものを返すのは困るだろうから、今度だけいただきます。しかしこれからは絶対にこういうことは止めにしよう」と挨拶した。

演出部長だった元アナウンサーの杉本亀一が黙って飲んでしまったのだった。私が下戸だと知っていた杉本氏が長澤君は要らないだろうと思って失敬したらしい。「泰ちゃん、ごめんよ」

これで済ませられてしまった。

一度もらってしまったものを突き返すのは、やはり気まずいものになっていたろうし、頼り甲斐のない小さな男のイメージになりかねなかった。その時は飲んでしまった杉本氏に感謝しなければと思いながら、近々さりげない形で返すことを考えた。

ところで安西愛子さんとのお付き合いの始まりは、地縁といったほうがいいかもしれない。安西さんは阿佐ヶ谷区役所の前で、歌の練習所を開いていた。声がいいのと教え方もうまいというので、近所の子供を紹介してやったり、近くの幼稚園に来てもらって歌とお話を頼んだりした。とにかく、指導振りがいいので、このままにしておくのはもったいないと思い、ラジオで幼児向けの歌の指導番組を考えられないかを相談してみた。これが「歌のおばさん」の始まりである。やるなら二人がいいというので、松田トシさんを紹介してもらった。はじめてみると声はいい、教え方が際だっているのでたちまち人気番組となり、長寿番組になった。

安西さんはその後参議院議員となって活躍。現在、九十に手が届くお歳でいながら、元気で美しいのには感心させられる。ご子息が面倒を見ながら、安西さんは今も悠々自適の暮らしをされていると聞く。

安西愛子さんや松田トシさんとは、放送がなくなっても長いお付き合いをいただいている。中でも安西さんの「杉の子子供会」は今でもなかなか盛んである。

縁は不思議なもの、平成十八（二〇〇六）年の暮れ、私は大腸ガンで済生会病院に入院して手術を受けた。私の手術を担当した副院長の大山廉平外科部長の母君が、安西愛子の杉の子子供会のかつての後援会長だった。そんなこともあって、話が弾み大山先生とは特にお近づきをいただくことになった。

社会課長時代

翌年、古垣会長から社会課長を拝命した。演出課よりは多少自信がもてたからほっとした。昭和二十四（一九四九）年十月、三十四歳である。

スタジオより、やっぱりマイクを持って飛び回るほうが性にあっている。これなら好きな仕事である。

今度の課は三〇人ほどの規模で、皆の顔も覚えられ私に向いていたし、ここで三年ほど思う存分、楽しく仕事をさせてもらった。

当時は占領中であり、何ごとも占領軍の検閲を必要とした時代である。総司令部のＣＩＥ（文化情報部）が放送会館内の五階と六階の二つのフロアーを占有していて、大勢の人が日本のマスコミのすべてに目を光らせていた。

できた番組の検閲だけでなく、新番組の提案や新しい試みを番組の中でやろうとする時など、すべて事前に相談する必要があったから、ＣＩＥには毎日のように足を運んだ。

ＣＩＥの窓口担当にフランク馬場と呼ばれる優秀な二世がいた。私はこの二世と呼吸が合い、相手も私を信用してくれたので、あうんの呼吸でやれた。

それまで競馬やボクシングの放送は自粛していたのだが、私には興味があり、なんとか復活できないかと思っていた。

フランク馬場とは、彼がアメリカに帰国してからも、毎年クリスマスカードを交換していたが、去年に限ってカードが来ない。どうしたのかと気になっていた矢先、今年一月、フランク馬場の逝去を知った。私と同年で、占領当時から気があっての付き合いだから、私は本当に淋しい思いだった。

特に競馬は中学三年の時、父に隠れて、父の金をこっそり持ち出し、八王子競馬で遊んだことがあるし、軍隊にいっても乗馬と縁が深かったから、馬には特別な親近感があった。しかし局内の反応は賛否両論、どちらかというと批判的だった。公共放送ともあろうものがギャンブルを取り上げるのは適当ではないという意見が多かった。

競馬放送を開始したいとフランク馬場に話すと、いいじゃないかやろうと即決してくれた。

それから事業局長の池田幸雄や飯田次男アナウンサーと一緒に、精力的に競馬会とも話を詰めて、ダービーの一カ月前に開催するＮＨＫ杯（ダービートライアル）を新設し、これを機会に競馬放送をはじめた。

このＮＨＫ杯は五〇年以上続いた。しかし長い間放送をしてみると、ダービーの一カ月前に設定したこのレースはトライアルとしてはタイミングに問題があることに気がついた。つまり馬主も調教師もダービー中心に調教を考えるから、出て欲しい一級の馬がダービー直前のトライアルを回避するケースが多くなったのである。

そんな悩みを救済するため、一〇年以上前、川口幹夫会長時代、長年続いたＮＨＫ杯のダービートライアルの性格を変更し、新たに、ＮＨＫマイルチャンピオンとしてダービーにとらわれない重賞レースとして設定することで話がまとまった。

川口はこのためにかなりの努力をしたらしい。私にも前もって相談があった。

川口は個人的にも大の競馬ファンで、時に仲間と連れ立って府中の競馬場に行くことがあった。そんな時は大抵、大勝負をして勝ち続け、一緒に行った連中が皆ご祝儀に預かったりしたもので、その勘と勝負運はずば抜けていた。しかし寄る年波でこの勘も鈍り、最近電話に出た妹さんの新村由喜子さんの話では、「性懲りもなくやってますよ」と嘆いていた。

一方、ボクシングについては、日本はかつて白井義男の世界王者をはじめ、多くの実績を残しているが、ＮＨＫではいまだにボクシング放送をはじめていない。これもフランク馬場の時代にさかのぼる話である。ボクシングについては、ＣＩＥはすべてＯＫの感触だった。フランク馬場はもちろんスポーツ担当のハギンスも賛成だった。

ある日、担当の者がＣＩＥを訪ねたら、ちょうどフランク馬場が留守で、ハギンスが出てきて、何を勘違いしたのか、ボクシングは駄目とけんもほろろに扱われて帰ってきた。なぜこうなるのか担当者は途方にくれた。

後で分かったことは、後楽園のボクシングを見に行った時、ハギンスは泣く子も黙るＣＩＥの窓口だから、当然顔で入れると思った。

ところが片言の日本語だったからか、すげなく入場を拒否され、怒って帰ったところに、ボクシング放送の相談が来たから、とにかく駄目と言ったらしい。

それ以来、ボクシングは難しいと思いこんでしまい、占領が終わって五〇年以上も経っているのに、なぜかＮＨＫは今もボクシング放送を行っていない。私などはこんな過去の経緯を知っているだけに残念と思う。

競馬は良くて、ボクシングが駄目という価値観はないはずである。そんな棲み分けは不要と思っている。棲み分けの打破に再度挑戦してもらいたい。

東京文化に立ち向かう大阪放送部長

昭和二十七（一九五二）年三十七歳。大阪中央放送局放送部長として大阪に赴任した。はじめての地方勤務だった。地方勤務は腰掛の印象を与えては駄目という人がいて、ありったけの身の回りの荷物を抱え、家内も連れて赴任した。後のテレビ文芸部長になる岩崎修さんと一緒だった。

伊丹の社宅に入ったのだが、大阪にはその道の実力者がたくさんいた。音楽、講談、浪花節、と専門家がたむろし、とりわけ上方演芸の番組は、長い時間をかけて習得した知識や人間関係あってこその放送番組だった。

ここでも東京の課長時代に痛感した、部下意識の排除と仲間意識の徹底を心にかけた。とにかく上方文化の独特な世界は一夜漬けではどうにもならない。それに反して部下は皆専門家である。加えて若造である。この二つのハンディを背負っての部長である。

部屋にはお手並み拝見の空気が充満している。東京の演出課長時代と似ている。業界の人も役者も部屋にいる大阪出身のベテランに挨拶に来る。そこで用事は皆済んでしまう。

大阪にはもともと東京に対する強いライバル意識のようなものがあった。東京は東京、上方文化はまた別という考えが日常の行動や感情にまで染み付いていたから、東京の権威を振りかざすようものなら徹底的に嫌われた。

そういう風土だったから、ここで基盤を作るには、この風土を逆用することだと思った。東京に対しては大阪の考えを代弁することからはじめてみた。すると往々にして東京とぶつかる。特に番組編成の考えについては時に対立した。

当時の春日由三編成局長からは「お前は東京に逆らうのか」と言って叱られることもしばしばだった。私は皆に聞いてもらえるように、東京に対して大阪の立場を主張してみせようとしてもいた。

東京と大阪ではもともと放送局設立の歴史も経緯も違っていた。

東京放送局と大阪放送局と別々にスタートしたものが行政の指導で一緒になったという歴史が

である。文化が違い、歴史が違うとなれば意見が対立するのは仕方のないこと。それを東京の考えで、一緒のものを考えることのほうに無理があるように思われた。

NHKの放送には、全国放送のほかに、管中放送、ローカル放送がある。関西一円に放送するものを大阪管中、東北六県に向けて放送するのを仙台管中と呼んでいる。さらに一つの県だけで放送するものをローカル放送と呼び、それぞれ全中（全国放送）、管中、ローカルに分類し、内容によって上手に使い分けた。

東京と関西の関係についても、いたずらに自己を主張するだけでは解決しない。そこで全中、管中、ローカルを使い分ける。すなわち、今度の上方演芸は全中にするが、来週の上方演芸は管中（大阪管内放送）で行くといった具合である。またまれに西日本ブロック放送という考え方もとってみた。

松下幸之助に会う

大阪に来て、人に会うならまず松下幸之助という評判だった。貧困の家から身をたて、九歳で丁稚奉公に出た松下幸之助が独力で松下電器産業株式会社を築きあげた苦労は並大抵ではなかった。松下さんこそ知と徳を兼ね備えた人だった。

お招きを受けて、はじめて京都の松下幸之助さんの邸宅を訪ねた時は、どんなに豪壮な邸宅かと想像していったが、意外に質素な普通の家だった。

松下さんは若造の私を捕まえて、企業経営の上での体験的な言葉を話された。特に小さな町工場から上がってきた人だけに、経営に対する考え方も極めて実践的かつ示唆に富んだものだった。

例えば塩と砂糖について語る時、「白くて甘いのが砂糖で、白いが辛いのが塩である」と教えるのが一般的で、いってみれば知識を通じての教育である。同じことだが、大阪方式は「どちらも白い。舐めてみて、辛いから塩、甘いから砂糖と見る」これが大阪である。自ら率先して実行する、体験を通じての教育である、これが大阪流だと教えられた。

もう一つは、「人は誰でも特性を持っている。仕事を成就するには、知恵のある社員は知恵を出せ、知恵よりも行動に適性のあるものは汗をかけ、汗で勝負せよ。それぞれ得手があるはずだから、それを引き出してやることだ」こんな話をいかにも松下さんらしい、血の通った言葉で話された。

何年かたって松下さんにお会いしたことがあった。昔の話を覚えていて、以前は知恵を出すもの、汗を出すものとその人の得意に応じた分業でよかったが、今は駄目だ。世の中はどんどん変わってきている。知恵も汗も皆がすべて出し切って、持てる力はすべて結集できなければ乗り切れないと言われた。

「それで、具体的にどうすればいいのですか」と聞くと、

「貴方は局長でしょう。それくらい自分で考えなさい」と言われてギャフンだった。さすがは松下さんだった。

父の死

大阪にいる時、父危篤の知らせが入った。急いで汽車に乗り、東京の荻窪病院に駆けつけた。ガンだった。父の妹にあたる長澤つねは、兄が危篤というので、荻窪の家に詰めていた。突然、そのつね叔母が、「あっ、今、裏庭の鳥居が倒れた」という。

裏庭に回って見ると、家の裏に昔からあるお稲荷さんの赤い鳥居がばったり倒れている。

「あっ、お兄さんが」

病院に駆けつけてみると、その日父が亡くなっていた。知らせだったのだ。血縁の深さをこの時ほど感じたことはなかった。

大阪時代に世話になった東京にいる仲間で現存している人も少なくなった。芸能関係では中島隆、クラシックの荒巻亀太郎、副会長になったニュースの田中武志、ドラマの広江均などである。広江の父君は大阪放送局の礎を築いた人である。中島は戦後初の採用組で、私がサービスセンター理事長時代、イベント関係の部長になってもらい、その後古賀政男音楽文化振興財団の事務局長から理事を長くやり、厚生省の外郭である保健会館でも長く働いてもらうなど、外部の世界で大事にされた。ちなみに古賀政男財団は川口幹夫も理事をしていた。

第四章　思い出多き社会部長時代

人材の宝庫、花の「スズムシ会」

大阪の放送部長は短かった。一年で東京の社会部長の辞令をもらった。命令とはいえ、一年では何も残すことができない。うかうか三十、ぼやぼや四十で終わった。大阪の人には、まことに申し訳ない気持ちだった。私が大阪の立場に立ち、大阪の肩を持つので、東京本部は、長澤を長く大阪に置いておくのは危険と見たのかもしれない。それにしても放送部長が一年で異動とは、前例のないことだった。

正直言って、私はこの頃になって、はじめて公共放送としての自覚を持ちはじめ、放送法の精神などもやっと分かってきた時である。恥ずかしながら、放送の中立をうたった放送法第三条の「何人からも干渉されることが無い……」の条項もその深い意味を理解した次第である。

三十八歳だった。心身ともに充実していた時でもあり、三年間の社会部長時代がＮＨＫ生活の中で、もっとも思い出が多く、多少なりとも成果があった時代だったと自負している。

内幸町放送会館、正面玄関を入ってすぐ右の二階の大部屋が社会部だった。総勢一二〇人ほど、社会課、産業課、農事課、婦人課に分かれ、ニュースと芸能番組以外の社会性のあるもの、文化的なものはすべてここで作られていた。

社会課長は鈴鹿醇太郎、産業課長は川崎正三郎、農事課長は長倉男士、婦人課長は江上フジ、中でも江上は女傑で有名だった。

当時、報道局は記者による取材とニュースのみで、番組制作はなかったから、今の「日曜討論(国会討論会)」、「国会中継」「時の動き」「社会の窓」、「放送討論会」のような時事的な報道番組はすべて社会部で作っていた。

その他、思いつくままに列挙すると「朝の訪問」「婦人の時間」「健康相談」「明るい農村」「早起き鳥」「産業の夕べ」「趣味の手帳」「今日の料理」「趣味の園芸」「昼のいこい」など、社会問題から農業、婦人、趣味、生活に至るまで、芸能以外のあらゆる番組が並んでいた。

人材も豊富だった。

中でも昭和二十一（一九四六）年、戦後はじめて正規に採用した人たちは多種多様揃っていた。これ以前は戦争で採用も途切れがちだったり、戦地で亡くなったりしていたから、層は薄かった。

二十一年採用組は人数も多く、将来のＮＨＫを背負っていくのは俺たちだという気概があり、何かにつけてその発言が目立った。俗に花の二十一年組といわれたその同期会は「スズムシ会」

と命名され、局内でも隠然たるパワーを持つに至っていた。
数え上げればきりが無いが、何人かの名前を挙げてみよう。

中塚昌胤　後の副会長。父君は門真市長、役員退任後、大阪二一世紀協会理事長。
反町正喜　後に札幌放送局長、報道局長を経て専務理事。
根本良雄　後に農事部長を経て放送総局副総局長。ゴルフはシングルの腕前。
大山勇　後にアナウンス室長。夫人は草創期のアナウンサー大山つや子。
森嘉章　後に札幌放送局長。
松本宗次　広島放送局長を経て、ＮＨＫサービスセンター専務理事。
加藤稔　放送総局副総局長を経て、ＮＨＫ学園理事長。

これらの人たちはほとんど社会部所属で、私の部下にいたのだから、今考えると凄いパワーだった。これだけの人材を抱えた部の長である私は黙っていても、親分的な存在に見られるのは致し方なかった。
「スズムシ会」の中には私の部下ではなかったが、特に印象に残る人もいた。例えば、
堀四志男　報道局政治部記者出身。後の専務理事放送総局長。

松浦十一郎　後に副総局長。

高橋勤　名古屋放送局長を経て、ＮＨＫプロモートサービス社長など。

戦争による空白の後を受けて入局してきた人たちである。ＮＨＫにとって、この二十一年組の果たした役割は大きく、実際功績があった。

後に会長になる前田義徳氏などは、長澤が「スズムシ会」をコントロールしているのではないかと思っていたらしく、「おい、うじ虫会」と私をからかうこともしばしばだった。このスズムシの連中ももう大半亡くなってしまった。

社会部の人材の層はさらに深く幾重にも連なっていた。

一年後で入局した坂倉孝一は専務理事、退任後ＮＨＫ美術センター社長。自他共に認める文化人で、長く日本エッセイストクラブの常務理事として活躍した。

武富明は専務理事、人事本部長、退任後はＮＨＫサービスセンター理事長、ＮＨＫの旧友会の会長を務めた。目下、病気療養中と聞く。早く治って元気な顔を見せて欲しい。

石黒清朗は昭和三十四（一九五九）年春、当時の皇太子殿下と美智子妃殿下のご成婚生中継の総指揮をとった。後に政経番組部長、ロンドン支局長を経て、中央研修所長になった。

変わり種では、私より少し先輩で河野一郎の秘書をしていた渡辺九郎がいる。これだけの人材を抱える社会部という大所帯の面倒をよく見てくれた。近年、九十七歳で亡くなられた。合掌。

「スズムシ会」の四年後、昭和二十五（一九五〇）年入局組もなかなかの人材が揃っていて、これも花の二十五年組などと言われた。

後に専務理事になる海林澣一郎は退任後、母校の國學院大学常務理事。理事になる荒井治郎は退任後、ＮＨＫ学園理事長。田沼修二は札幌の局長、放送副総局長、監事、退任後はＮＨＫエンタープライズ社長。

放送総局副総局長を経てＮＨＫエンタープライズの初代の社長になる小池悌三。後に放送総局番組制作局長になる加藤好雄。視聴者本部副本部長になる菅野彬郎。縁の下の力持ちだった大坪威夫は広島編成課長時代、ＮＨＫがはじめて遭遇した楽団や放送劇団、効果団の労務問題で孤軍奮闘した侍である。

後に会長になる川口幹夫は芸能出身で社会部には所属していなかったが、花の二十五年組である。

その後になると、ぐっと若くなって名前を挙げればきりがないが、「日本の素顔」など、ドキュメンタリー番組に新しい分野を開拓し、後に芸能局に移り大河ドラマ「太閤記」を制作、スペシャル番組では「未来への遺産」「明治百年」特集を手がけた吉田直哉は、わが社会部のディレクターだった。なお吉田は日本におけるガン研究の権威、吉田富三の長男である。

毛色の変わったところでは、後に新自由クラブから立候補して衆議院議員になる依田実は、私が札幌の局長の内示をもらった時、ぜひ札幌に連れて行ってほしい、長澤局長の下で働きたい、と言って聞かなかったので連れて行った。なかなかシャープな青年だった。

宗教活動をしていた高瀬広居は早くに退職、著書『パパの育児手帖』がベストセラーになり、その後ラジオ関東の編成局長、拓殖大学教授を務めた。

またＮＨＫ退職後、川越近郊に新しく寺を作った大勝信明などがいた。

当時を思うと、これだけの人材を果たして十分活かしきっていたのだろうかと思わないでもない。

あうんの戦略、楽しかった日々

これだけの人材を抱えて、私も若かったから、とにかく仕事が好きだった。

部長は個々の番組の担当ではないから、全体状況を見ていて、時に戦略的なアイデアを出したり、助言をしてやることだと思っている。

目は口ほどにものを言い、という言葉がある、この場合もあうんの呼吸が必要で、そのためには日頃から目配りをし、皆の気心を知り尽くしている必要がある。私は社会部の諸君とは仕事を離れて、徹底して付き合い、その交友をも楽しんだ。

中にはいわゆる一見破滅型みたいな人間も何人かいた。こういう人に限って仕事もできた。退局後になると、毎日酒を飲む。飲むとがらりと人間が変わる。毎日飲んで家に帰らないという人もいた。奥さんが心配して相談に来た。私はいろいろ考えた末、甲府局に転勤させた。局の構内に社宅があると聞いていたからである。その代わり、甲府局の社宅に部長に頼んで一升瓶を差し入れもした。

もう一人真面目な男だったが、これも酔うと人間が変わった。放送会館のトイレに入ったまま、大声で歌を歌う、そのまま寝てしまって出てこない。守衛が掴み出そうとするのだが、大きな体で思うようにいかない。困った守衛が私の自宅まで電話をかけてくる。仕方ないから深夜また内幸町に出勤する。そんな日がよくあった。

豪傑型もいた。飲んで飲みつくして、家に帰る電車賃もなくなってしまうのだろう。昭和二十年代は、輪タクといって三輪車の形をした人力によるタクシーが走っていた。この輪タクを捕まえて新橋周辺を一晩中乗り回し、朝になって私が出勤すると、その輪タクの運転手が私に料金を請求に現れたこともあった。

週末は、荻窪の我が家は若い仲間たちで賑わった。飲んだり食ったり囲碁、マージャンをしたり、中には飲みつぶれて寝てしまうもの、トイレでゲロを吐くものが必ずいた。翌日の朝になって、悪臭ただようゲロを掃除するのは家内の仕事だったから大変で、私も見るに見かねて手伝った。

ある時などは、金が底をついて酒を買いに行けない。家内に命じて、嫁入りの時持ってきた箪笥の中の着物を質に入れ酒を買ってきてもらった。家内は一回で懲りたらしい。

こんな破滅型の人間に限って仕事ができた。いいアイデアを持っていた。

昼は人が変わったようによく仕事をした。困ったことがあれば相談相手になってやり、たいてい一瞬の判断で解決した。

私は一人一人の個性、特徴を知り尽くし、彼らもまた私を信用し、一心同体となって、その力を結集させていった。仲間の士たちもそれぞれ己が本分をわきまえいい仕事をしてくれた。本当に夢中になって仕事をした。よく遊びもした忘れ得ない三年余りだった。

この頃のことを昭和二十五年入局組の一人、大坪威夫が何かに書いている。ちょっとほめすぎだが、当時のことを伝えて懐かしいので引用する。


福島からあこがれの社会課に来て見て驚いたのは、圧倒的な長澤さんの指導力だった。なにしろ勘のいい人だったから、月一回の提案会議でも、さっと見て狙いを定めて聞く。材料はあるのか、上げ底ではないな、面白いか、ポンポン飛んで来る。そのうち狙いはいいが切れ味が悪くちゃどうにもならない。二階から目薬じゃないか。せめて生きのいい話を入れろ。勘で喋っているようだが、的が合ってるので困った。

その頃は浅野家の浪士のような面々、中塚、反町、根本、武富、坂倉、石黒といった先輩諸兄が群居していて、私は新米だった。

社会部の中に、産業課が新設された時、経済界のリーダーや評論家、学者を招いて意見を聞いたことがあった。その中の一人が日本の産業の基礎部分として、幹線道路が貧弱すぎて恥ずかしい。みな道路予定地のようなものだ。こういうテーマを本格的に取り上げるセクションであるべきだと問題提起をうけた。さっそく幹線道路の現状と将来を特集として構成することを考えた。しかし私の提案は産業界、学者、行政の意見羅列に終始した。案の定、ダメだ、録音機をトラックに載せてどこでもいい、幹線道路を走ってみろ。それからだ。こんな調子だった。

長澤さんとのお付き合いはこの頃が原点で、五〇年も続いている。歯切れよく、浪花節を聞くようなリズム感がある。皆自分が一番大事にされたと思っている。仕事もこんな形で一人一人がつながっていた。

私自身、この頃になって、なんだか自分がはじめて世の中に多少なりとも必要とされている気がして、嬉しかった。順調な時だけではなかった。細かいことでは障害物は絶えなかったが、とにかく不撓不屈の精神を持ち続けることを肝に命じ、月並みな言葉だが、運、鈍、根などという言葉をあらためて味わされるような日々だった。

全国ネットワークを活かす

個々の番組は基本的に皆に任せておけばいい。部長がやることは戦略を考え、皆の力を誘導することだった。

例えば、NHKの特色は全国ネットワークである。各県に放送局があり、それぞれ番組制作機能があり、必要なスタッフが配置されている。NHKだけが持ちうる利点である。これをもっと有効に活用できないか。

ネットワークの活用の第一は、まずリレー放送と多元放送である。

リレーは各局をつないで、次々に話題を紹介していく番組である。多元放送は、各地方局のスイッチをあけたまま、自由に意見交換をしたり、お互い掛け合いをしたりする放送である。

勤労感謝の日などに全国の祭りの話題を紹介する。文化の日には隠れた地方文化の話題を掘り起こす。年末年始、放送記念日は全国ネットを活用した、全国で眠っている話題を紹介した。

また地方局の活性化に役立つよう、地方発全国放送を奨励した。ローカル局が制作したものを全国放送に乗せる作戦である。

また東京発の放送に地方局の提案を採用し、提案局のスタッフを制作に参加させる方式も考えた。

これらをうまく組み合わせていくと、東京と地方の交流が始まり、適材適所に活用できる人材がどんどん目に付いてくる。

私自身仕事が面白くてたまらない時代だったから、アイデアが閃くと、ただちにスタッフを呼んで具体化を指示した。

昭和三十年頃だった。当時は韓国の李大統領が相手国の了解なしに領海を決めて、いわゆる、李承晩ラインに入ってきた船は拿捕すると宣言し、日本の漁船がよく拿捕される事件が相次いだ。そこで海上保安庁に掛け合いながら、特集、録音構成「李ラインを行く」の企画を西日本の局に求めた。

最初のアイデアを提供したのが広島局だった。広島の担当者、勝間田宏に巡視船に乗ってもらうことにし、日本の領海を離れるから特派員扱いにした。

似たような企画に、「オホーツク海をサケマス船に乗る」があった。ソ連によってしばしば拿捕される日本のサケマス漁船の実情を伝える企画である。これも北海道と東京の共同制作の形を取り、カムチャツカ近辺まで行かせた。

そうなると今度は現場から企画がどんどん上がってくる。「日本のチベットを行く」もいい企画だった。日本の中でもっとも僻地といわれる岩手県の下閉伊郡、安家村や久慈地方は日本のチベットと言われるほど、交通の便が悪く、未開と言われていた。

この地方にはじめてマイクを入れ、風俗習慣や生活を紹介するものだった。二十五年入局の田沼修二が団長になり、仙台局と盛岡局と共同で制作した。盛岡局は及川昭三、仙台が菅家憲三、東京からテレビのディレクター白石克己と倉島喜一、足立正吉カメラマンが参加した。

取材団長の田沼修二の回想によると、

本当に山深いところだった。安家村に入ると、村中がしんと静まり返っている。とりわけ大きな地主だった玉虫家に行くと、立派なテレビが床の間においてあった。まだこの地方でテレビが見られない時だった。床の間の飾りと言い切ってしまう気にはなれなかった。山深い山村に、せめてテレビをと待ち望む思いを感じて、なんともいえない気持ちだった。その日は宿に帰って、夕飯を食べていると、ガサゴソという音がして、唐紙を破って熊が飛び込んできたのには驚いた。次の瞬間、盛岡局の及川昭三君が熊の革をかぶって出てきたものとわかったが、その時はほんとに腰を抜かした。

及川は後に広報室長や総務局長を経て総合ビジョンの専務になっている。今は故郷の仙台に居を構え、針生和夫や佐川久雄、菅井哲夫などと「東北ずんだ会」を作って健在と聞く。

こんな風に考えていくと、特集企画は無数にあり、あるものは地方の企画で東京が制作、逆に東京が企画して地方の素材を使うもの、共同制作にするもの、地方のスタッフだけが東京に出かけてくるものなど、様々な形でNHKのネットワークの力を結集できることで、NHKのダイナミズムを視聴者にアピールできるという妙味もあった。

もちろんいいことだけではない。入船あれば出船あるのが世の常である。人間の幸運は一瞬にして去るものである。世の中のほとんどは苦しいことが当たり前、苦しいことは自分が生きていることだと思っている。

ローカル局の夜七時のニュースの前の一五分が社会部担当の県民の時間である。この時間は、各局がそれぞれ、独自の編成を凝らすローカルタイムだった。この一五分の県民の時間を対象にした全国コンクールを毎年行った。優秀作については、全国放送で紹介し、担当者は東京に転勤させることも考えた。

職員の研修を仕事に結びつけることも考えた。研修所のない時代だから、社会部が主催して社会部が面倒を見る。どの局にどんな人材がいるか一目で分かる。私は努めて研修に顔を出し、じっと見ていて、これという人材があれば、東京に連れてきて適材配置し、さらに磨きをかけるという具合である。

その場合、必ずしも一番手である必要はない。二番手三番手を連れてくれれば、一番手が刺激を受けて頑張る。地方局が困るといえば、国内留学という制度を設けて、一、二年でまたその局に戻してやることも考えた。

今考えると、ラジオ時代は人数もさして多くなく、全国の放送局に誰がいるかがほとんどすべて把握できたから、番組制作と人材育成を有機的に結びつけることもできる。ほとんど勘による即決である。しかしそれでうまくいくようでなければ現場の管理は務まらなかった。

NHKフェスティバルを企画

番組プロデューサーとしての私は、あまり細部の演出を考える向きではなく、全体状況を見て、いかに効果的に番組を活用するか、例えば、地域社会の中で放送番組をもっと効果的に活用できないかなどと考えるのが好きだった。

その一つに、夏期移動相談があった。

特定の地域を選び、夏の一週間、番組を総動員して、集中的に地域サービスをする。放送全体を視聴者参加型にして、その地域との交流を深めようという試みである。「夏の一日を楽しく」の着想のもとに、各県の知事や県会議員の方々の全面的な支援を得て、全国数カ所を選んで企画した。

広島県の福山市では、一週間、学校の講堂や公民館をそのために空けてもらい、考えうるすべての公開番組を持っていった。NHKフェスティバル、あるいはNHKウィークというのにふさわしいものだった。

相談ものとしては、近藤宏二ラジオドクターによる健康相談、著名弁護士による法律相談、税務相談、「今日の料理」の公開、「婦人の時間」の特別講演会、「ラジオ体操」、「夏のラジオ学校」の公開、「のど自慢」や「声くらべ腕くらべ子供音楽会」の公開など、持ち出しのできる番組はすべて総動員した。

NHKドラマのヒロインのサイン会も企画した。町の施設や学校を借りてNHKを満喫してもらう。これを全国何カ所かで開いた。

この企画の子供版も考えた。「大山夏のラジオ学校」は子供対象のNHKフェスティバルだった。

夏休みの一週間を使って、鳥取県の大山の中腹、標高九百メートルの避暑地、大山寺で、中国地方五県から三〇〇人の子供を集めて開いた。

植物採集や夏のラジオクラブの公開授業、「声くらべ腕くらべ子供音楽会」もあった。最終日は全員で大山登山をし、夜は大山の中腹、枡水原高原でキャンプファイアを楽しみ、全員で山の歌を歌う。壮大である。

中の海を大山中腹から見下ろすキャンプファイアは雄大そのもので、暮れていく大自然に抱かれ、歌いかつ足を踏み鳴らした思い出は大人になっても忘れられない、おそらくほとんどの子供たちがそんな感想を持っただろうと思う。

ラジオ全盛時代からテレビの時代へ

私が社会部長になった昭和二十八年、この年の二月に東京地区でＮＨＫテレビの本放送がスタートしている。はじめは一日の放送時間は四時間程度、朝と夜だけで、午後は長い時間お休みだった。

テレビの契約台数はその時八六六台だった。

番組もまだ稚拙で電気紙芝居と言われていた。局内組織としてはテレビジョン局を作ったものの、人材も予算もまだ乏しく、原稿用紙や鉛筆にも不自由するという信じられない時代だったから、放送の主役は当分ラジオだった。

テレビと違ってラジオは視覚に訴えることができない代わりに、耳から入って想像力をかきたてる力があり、なかなか知的なメディアだったと思う。

特に一人で携帯用録音機を担いでどこにでも入っていける利便さは格別で、町の中の市井の声や山深い地域に住む人々のたくまざる訴えを拾うのには好都合だった。

テレビがはじまったといっても、地方ではまだ見ることもできなかった。テレビが全国に普及するには、各県にテレビの放送所や中継所を作る必要があり、それには五、六年かかる大仕事だったから、しばらくはラジオの全盛時代が続いていた。

テレビジョン局も何とか人材を揃えようとしていたようだったが、テレビ経験は誰にもなかったから、新人を育てるか、ラジオの経験者の中から一本釣りで集めるしかない。

その頃の話を、当時新人で地方に配属されたばかりのS君の思い出から拾ってみる。

昭和二十九年、広島に赴任して一年しか経っていない私にも、東京や大阪から人買いの手が伸びてきたのには驚いた。一年前、大阪に栄転した上司が突然広島に現れ、私の顔を見るやお茶に誘い、「君、テレビをやる気はないか。テレビをやってくれるなら、すぐにでも東京へ帰してやる。大阪でもいい」と言われた。東京、大阪と聞いただけで心が震えた。しかしテレビはごめんだ。私は「テレビですか。テレビでしたらお断りします。東京にはすごく帰りたいけれど諦めます」と答えたことを覚えている。信じられないような話だが、その頃は誰もテレビの今日の隆盛を予想する人はいなかった。逆にテレビをやりたいと言えば、すぐにも東京に帰してくれると知って、ちゃっかりテレビ志望を訴えて東京に戻っていった人もいた。

五年後、昭和三十四年春の皇太子殿下と正田美智子さんとのご成婚パレードの中継で、テレビは爆発的に売れ出し、一挙にテレビ時代に突入していく。我々も有無を言わせず東京に集められテレビの担当になった。しかしテレビの世界は視覚が大事。何かと言えば「画になりますか」と聞かれる。画にならない企画は相手にされなかった。ニュースでさえ画にならないものは項目からはずされた。大事なニュースはキャスターの顔出しでも伝える今の方式は、当時は論外だった。いきおいテレビ経験の有無が評価の基準だったから、地方でかなり実績をあげたプロデューサーも、その年に入局した新人以下の扱いだった。

しかしいったん変わりはじめると変化は早かった。私は間もなく札幌の局長に出たから、聞いた話だが、社会部一二〇人の大部屋も一年も経たないうちに半数以上がテレビの担当となり、テレビ制作はテレビ経験のなかったラジオの担当者に取って代わっていった。

ラジオと違って、テレビは見てもらう世界だけに、仕掛けが大きく、スタッフもたくさん必要で小回りがきかない。いきおい企画も見て面白いもの、華やかなもの、動くものに重点が置かれ、やがてテレビの魔力に引きずられていく。

それでもラジオの経験者がテレビの制作者になることで、テレビ企画に見ての面白さだけでなく、知的な視点が多く取り入れられるようになった。つまりテレビがテレビ経験のない素人集団によって作られたことで、かえって大きく飛躍した。大事なニュースはアナウンサーの顔出しでどんどん伝えられるようになった。

昭和三十二年にはじめたテレビドキュメンタリー「日本の素顔」がその良い例だった。制作者はすべて映像の素人だったから、時代の空気を取り入れるべく、映画の世界などで継承してきた映像制作の約束事を無視して、とにかく大胆に手にしうる映像をはめ込み、主張したいことをコメントにすることで、新しいドキュメンタリーの世界を切り開いていった。

「映画売春事件」

社会部長時代でもっとも社会的な影響が深刻で、かつNHKとしても、解決の難しかった問題に「映画売春事件」がある。

これについては古垣会長のところで触れた。一部重複するところが出てくると思うが、許して欲しい。社会部の目玉番組「社会の窓」という録音構成番組の中で、大部屋女優が「そうすることでスターになれるものなら、喜んで監督に体を提供する」との声を録音して、そのまま放送に出したことから問題が発生した。

俳優協会や映画会社から、女優の人権に関わる問題である、ということで猛烈な抗議があり、誠意ある態度が見られなければ、今後NHKの放送出演は一切拒否するというものだった。

私はこの番組の責任者だったから、何とか早期に解決したい。かといって無名の大部屋女優の告白は間違いでした、といって全面取り消し謝罪で解決する考えはとれない。録音は貴重な記録である。かといって威張っていて解決できる問題ではない。またそんな単純な問題ではない。時間をかけて誠意を持って話し合うことだと考えた。

そのうち国会でもこれを取り上げることになり、NHKを揺るがす大きな問題に発展した。

結局、何度も話し合いを持ち、謝るところは謝り、主張するところは主張し、紳士的な和解に持っていくことができ、大事にならないで済んだ。これについては当時の古垣会長に大変世話になったが、詳細は古垣会長の項で述べたのでこれ以上は割愛する。

またこのことが一つの契機になり、翌年、五社協定というものができたように記憶している。これは東宝、松竹、大映、東映、新東宝の五社に属する俳優の放送出演を許可制とし、自由な出演を禁止する制限条項だと思えばいい。

局内では、これは大変なことになるという人が多くいたが、私は楽観的だった。

映画関係者の中にも、深刻に考えない人もいた。私がたまたま別件で親しくなった大映の社長永田雅一氏などは、当初は強行論者で、大物俳優のNHK出演は許さなかったが、しかし情勢の変化に敏感な永田氏は、最後はテレビと映画は共存共栄で行くしかない、という考えで、割り切るようになった。

この頃、相撲協会でも相撲を中継放送すれば、国技館に来る客は減るという認識だった。俳優の場合もそれに近い考えで、映画と放送は利害が反する、したがって出演を制限する必要があるというものだった。

今とは感覚が違っていた。ＮＨＫの放送時間も夜中の放送はやめて、ゆっくりしたほうがいいと真面目に言う人もあった。

大相撲などは客が減るどころか、今では逆に中継しなければ人気が落ちるほど、放送との関係は深いものになっている。こんなに激しく時代が変わるとは、今の人には想像できないのではないだろうか。

そんな風潮の中で、五社協定は次第に有名無実になっていったものと思う。

「現場中心主義」の管理へ

冒頭でも述べたが、私が入局した時は経理だった。当時は管理部門の経理や総務が絶対的な権限を持っていた。これではいけない、やはりかなりの部分を放送現場の判断を重視する現場中心主義に変える必要がある。私はそのことをことあるごとに力説し、当時の管理担当の重役である金川義之理事や栃沢助造理事に説いたものだが、当時管理部門出身者にとって、管理優先の考えは常識だったから、頑として理解を示してくれない。

そこで機会を作って、古垣会長に直接話すことを考えた。

古垣会長には一度箱根に来てもらった。もちろん会長が一部課長の頼みで来ることは難しいと考え、若い課長連中が集まる会があるから、一度会長にご出席いただきたいと言うと会長は二つ返事で来てくれた。

その席で、これからは現場の時代になると思う。NHKも現場主義を取り入れないとこれからの発展は難しいと、現場型の管理の必要を説いた。会長は立場上、面と向かって理解を示さなかったが、その後、少しずつ舵とりを現場中心へと変えていったようである。

メルボルン・オリンピック放送団長として

昭和三十一（一九五六）年六月、ラジオ局次長になった。まあ社会部長の延長線みたいなものだが、サラリーマンとしては位が上がって特別職になった。

その年、オーストラリアのメルボルンで国際オリンピックが行われることになった。NHKから放送取材班を派遣することになり、私が団長を命じられた。

季節は十一月はじめだった。団員の名前を数人ほど挙げると、アナウンサーは北出清五郎、鈴木文弥、小林三郎記者、中継要員が池谷淳、制作担当が松本弥太郎など、それに技術陣を入れて総勢一〇人ほどだった。

はじめて見るオーストラリアは広大で、自然に恵まれていた。団員諸君も誰言うことなくこの国を満喫すべく、チームの団結もよかった。

放送の準備は完璧だったし、季節はよく、スタッフの周りは快適な日々が待ち受けているようだった。

しかし肝心の日本選手の成績はあまり芳しくなかった。金メダルは四個、競泳の古川、体操小野清子、レスリングの笹原、池田ぐらいで、銀、銅を入れても二〇個に満たなかった。

陸連の会長は荻窪病院の浅野院長だった。浅野さんは昭和二十四（一九四九）年、私の父がンで荻窪病院に入院した折、大変に世話になった人である。

余談だが、占領時代、五反田方面の進駐軍にオーストラリア兵が多かった。オーストラリアは昔から女性が少ないと言われている。そのせいか、当時、五反田の飲食街に出入りしたオーストラリア兵の中には、日本人を妻にして本国に連れて帰った人も少なくなかったらしい。目の前で、ショートパンツをはいて、なにかと我々取材団の面倒を見てくれる日本人妻を見ると、五反田での話が脳裡に浮かんでくる。

陸連会長の浅野先生を誘ってレストランに評判のタスマニアビールを飲みにいくと、女性が少ないオーストラリアで、オリンピックをあてに、特別に狩り出されたらしい女子大生が笑顔でサービスしてくれる。

しかし油断は禁物、ビールを注文すると一本ずつしか持ってこない。一本ごとにチップを取る。五本もとると、ビールよりチップのほうが高くなっている。

メルボルンに行ったばかりの頃、先方の放送局の幹部とよく会うことがあったが、不思議と英語が通じるので気をよくしていた。やがてオリンピック放送が始まると、私の英語では限界があり、しっかり通訳を付けられた。なるほどそういうことだったかと、気がついていささか気恥ずかしかった。

いよいよ日本に帰るという前日である。競技の成果は上がらなかったが、取材班としての士気は最高に盛り上がっている。団長としては何か記念にお土産を皆にあげたいと思ったが、予算がない。

その時ふと目についたのが競馬のビラだった。通訳を連れて内緒で競馬場に行き、馬券を買ってみると、何とこれが大当たり。これを資金にして、ささやかな子供土産を皆にあげることができた。

府立二中時代、父の金庫から金をつかみ出し、八王子の草競馬に隠れて通ったことを思い出し、それが役に立ったかと一人で苦笑した。

第五章　局長職を歴任そして役員に

札幌中央放送局長時代──管内局長は地元出身者で

昭和三十二（一九五七）年六月、四十二歳で札幌中央放送局長に任命された。永田清会長からの辞令である。局長職としては若かったから、内外から若造扱いをされ思わぬ苦労をしたこともあった。

当時、監査室長が北海道全域を監査した時、他の中央局長は皆それなりの年齢で貫禄があったからか、若造が局長だった札幌局のことだけ特別問題ありげに報告されたことがある。さらに研鑽が必要とか、なお改善の努力を望むなどと書かれて、大変迷惑したことがあった。

このままでは北海道全体の士気に関わると考えた私は、さっそく本部に行って、監査室長にねじ込み問い詰めたこともあった。

札幌に赴任したその日、空港からいきなり地元のマージャン会に連れて行かれ、訳も分からぬままお相手をすることになったが、幸か不幸か優勝してしまった。

札幌には異業種同士の気楽な親睦の会があり、それが三つに分かれていたように思う。一つは知事、学長、北海道新聞の社長、商工会議所の会頭、そこにＮＨＫの局長も入っている会。さらには役所の局長クラスの会。もう一つは支店長、支社長、中小企業の社長さん中心の会である。

この日のマージャン会はどうも最後の支店長クラスの会で、空港に迎えに来た放送部長だった小此木通孝氏が私を連れて行ったように記憶している。小此木氏も今は鬼籍に入っている。

後で代議士になる当時の高田札幌市長から「君のやることをみていると、どうも進歩的すぎる、急進主義者に間違われるから注意したほうがいい」と言われたこともあった。それもこれも四十二歳のなせる業だったと思う。

北海道は戦時中、北千島録音隊の一員で行ったことがあるだけだから、今の実情を知らない。そこで赴任して早々、全道の放送局を回り、その実態を把握することからはじめた。

特に人を中心に実情を見るようにした。そこで感じたことは、北海道はフロンティア精神がある反面、よく言えば紳士的だが、人がいいと言うのか、人を押しのけても何かやろうという、もう一歩を発揮する強い根性が足りない。何か刺激を与え、もう少しパンチの効く競争心のようなものを作りだしたいものと思った。

手はじめに北海道出身者で長く仕事をしている人を道内の局長として抜擢してみることを考えた。もちろん、力のない人を温情だけで引き上げようというのではない。同じ力なら、地元の人を起用してみるという発想だった。何度も道内の人事資料を点検した上で、私案を持って上京し、本部の加藤俊三人事部長と対面した。

しかし管内局の局長をすべて地元出身で固めることについては、予想以上に人事の壁が厚く、簡単にうんと言ってくれない。私はそうですかと言って帰る気持ちにはなれない。何が何でもという決意で座り込み四日間、口説いて口説いてやっと内諾を得た。

今度赴任してきた局長はよくも悪くも、すぐ東京に戻る人だ、北海道に腰を落ち着け、何かやってもらおうと思っても無理だ、そう言われていたらしかったが、人事発令を見て見直してもらった。

地元の人はその地方の事情に精通しているから、地元出身者起用のアイデアは成功した。

その時の局長はほとんど今はいない。今健在なのは旭川局長だった藤田要助さんと小樽の局長だった富森憲八郎さんぐらいなものである。北見の局長をした多久美邦夫は後に札幌の局長になった。なかなかの快男児だったが早くに亡くなられた。

札幌時代いろいろお世話になった後輩はたくさんいる。思いつくまま、東京にいる何人かを列挙してみる。

芸能の舘野昌夫、松原淳、記者の佐藤潔、経理の津田義正、高橋喜悦、佐藤敏介、今は函館にいる営業の小林弘、放送の依田実、阿部照勝、秘書だった稲毛希子のご主人である稲毛昭宏等々。札幌に来た人はどこの企業でもまず全道を視察する。視察するといっても、最後はお座敷となる。私は酒をたしなまなかったから、ちょっと邪道だとは思ったが、東京を出る時、三味線の撥《ばち》を三〇ほど買ってカバンに忍ばせた。

お酌するお姉さん方にこの撥をあげると大変喜んでくれ、その後、大事なお客さんを接待する時でも、NHKのお客さんは大切にしなければと思ってもらえるようになった。

多少、小細工しすぎとも思ったが、北海道では絶対失敗したくないという私の強い思いの表われと受け取っていただきたい。

札幌時代、失敗したことが一つ。新設した局舎の前の小さな広場に、平和の象徴になると思って鳩を飼ってみた。ちょっと見には可愛いが、飼ってみると鳩の糞でやたらに汚れ、隣にあるアメリカ文化センターからも苦情が来る始末で、失敗だった。

赴任する時、局長車がボロだと聞いてシボレーの新車を持っていった。一度その車ですすき野に近いところの屋台で、運転手と一緒にラーメンを食べたことがあった。それを先輩の放送部長である小此木通孝さんに見つかってしまった。

なんということだ、札幌の局長は偉いんだから、屋台の前で新車を停めてラーメンを食っているのはいけない、とこっぴどく説教されたことがあった。我ながらお粗末だった。

逆に評判がよかったのは、葬祭用の飾り棚三組を購入して、各局で使いまわしをしてもらったところ、飾り棚の利用率がよく経費節約にもなり、なかなか好評だった。

札幌の局長の時、編成課長に反町正喜がいた。社会部時代のスズムシ組だが、なかなかの知恵者だった。ある時、大事な客が局を訪れたことがあった。外に飲みに行く時間も無い。局長室でウイスキーでも飲もうとなった。

その頃スコッチは貴重品でどこにもない。トリスしかない。お任せください、と反町はどこからかスコッチをぶら下げてきたので、なんとかその場をやり過ごせた。後で聞くと、スコッチは瓶だけで中身はトリスだった。反町の機転だった。

反町は後に社会番組部長を経て役員になるが、反町が政治番組を担当している時、昭和三十五（一九六〇）年の社会党の浅沼委員長刺殺事件があった。日比谷公会堂での立会い演説会をNHKが生中継中の出来事だった。主催者が選挙管理委員会とNHKだったから、普通ならNHKの警備の責任を追及されるところだが、反町の一言で救われている。

立会い演説会の中継の最終打ち合わせの時、反町は「NHKは放送中継に専念するから、会場整理と警備はそちらで責任もってやって欲しい」と主催者側に念押しをしている。まさかこんなことになるとは考えないから、「むろん警備はこちらで担当する。NHKは放送に専念してくれ」の一札を主催者側から取っていた。

この一言が後でものをいったのである。

北海道は地理的にも独立し、歴史も若く自由なフロンティア精神にあふれていて、私は大いに気に入っていた。札幌で知り合った人の中に山持ちがいた。その人が私に話してくれた。

山林は一〇年で育つ。例えば十町歩の山林を持っていたとする。初年度は十分の一の一町歩を伐採して売りに出す。その代わり新しい苗木を、伐採した一町歩にしっかりと植える。一〇年経った頃には植えた苗木が見事な山林として育つ。毎年伐採して、そこに苗を植える。順繰りにこうしているだけでお金が入ってくる。

私は大いに興味をそそられ、十町歩ほど譲ってもらえないだろうかと聞くと快諾してくれた。お金を調達して改めて正式に申し込むつもりだった。しかし間もなく東京に転勤の内示になった。私はせめてもう一年札幌に置いて欲しいと会長に駄々をこねたが、聞き入れられなかった。東京に来てしまえば、山の話も流れてしまう。今思っても返す返すも残念だった。

札幌在任中、経営委員で商工会議所の会頭をしていた伊藤豊次氏には大変お世話になった。伊藤豊次氏は「我々は視聴者の代表だから、手当をもらうのは心外である。辞退したいから、東京本部にそう言ってくれ」と言うので、本部に話したことがあったが、本部からは梨のツブテだった。

伊藤氏には、この後ご子息の伊藤義郎氏にも経営委員をお願いすることになり、特にご子息の場合は経営委員長に就任している。親子で経営委員をお願いするのははじめてのことだろうと思う。

編成局編成総務時代——会長と現場の調整役

昭和三十四(一九五九)年六月、編成局編成総務に内示を受けた。編成総務は編成局に新設されたポストである。編成局長の権限のうち、番組に関わる重要事項について、様々な調整を行うのが役割で、具体的には会長と現場との最終調整がその役目だった。

この時は野村秀雄会長で、特に政治的な問題を含むものや、社会的影響の強いものについては、会長自ら判断することが多かったから、うかうかしておれない。

私は朝出勤すると、毎日まず会長室に顔を出し、会長の意見を聞き指示を仰ぎ、必要な報告を済ませ、また情報交換をした。そういう意味では野村会長は新聞社における主筆を兼ねた社長のような存在だった。

翌三十五年は安保改定の年だったが、安保関連の番組については出演者一人決めるにも神経を使った。しかし番組編成に対する野村会長の考えは少しもぶれることはなかった。このことについては、野村会長の項で詳しく書いた。

芸能局長時代

昭和三十六（一九六一）年、突然、芸能局長を命じられた。

私の前任者は、作家、久保田万太郎の弟子、吉川義雄氏が長く局長の座にあった。代々芸能に縁のある人が局長だったから、私が芸能局長をやるとはまさに晴天の霹靂だった。

およそ縁のない未知の世界、どうしよう。かつて演出課長を命じられた時の何倍かのカルチャーショックだった。

会長は、おそらく芸能局内の製作体制を見直し、新しい秩序を期待しての人事だったのではないかと思っている。

局長になって三日目だった。分厚い手紙が配達された。後輩の坂本朝一君からである。

坂本君はその時、芸能局の次長をしていた。後で会長になる人で、まことに実直、誠実溢れる人だった。

彼の手紙は「芸能局の現状と将来」という題目で、私信にしては原稿用紙にして十数枚もある力作だった。芸能局の番組のこと、予算のこと、人事のことすべてを網羅し、力を込めてしかも誠心誠意書き込んであった。

旱天の慈雨だった。私は何度も熟読し、その中に込められている深い洞察を読み取った。

その中で私はまず予算のことを重視した。今までの私の経歴からいっても、私はおよそ芸能番組の世界は縁が薄かった。元々は社会番組系の人間であるが、予算のことも多少自信がある。演出課長時代いくらか手をつけていたから、これを本格的に実行してみようと思った。

芸能局だけでなく、それまでは番組ごとの予算はあるにはあったが、かなり大福帳的だった。予算は一応のメドで、必要に応じて経費を支出していくやり方だった。私は番組ごとに予算をはっきり決め、企画もその予算を睨みながらまとめていくことを徹底させた。

どうしても必要とあればむろん、枠外の支出はするが、原則として認めない。そうすれば自然にコスト意識も生まれていく。必要なものについては予算を超えて支出することにやぶさかではないが、いい番組だからお金をいくら使ってもいいという考えは捨てさせた。

今考えれば当たり前のことだが、この予算制度は簡単に現場の了解は得られなかった。番組全体の予算を締め付けるのが狙いではないか、自由な発想を封殺することにならないかなど、一部にかなり抵抗もあった。

予算制度を認める人の中にも、深夜早朝など人が見ていない時間帯とゴールデンタイムの番組との間に、差があって当然ではないか、視聴率の良いものに予算の割り増しがないのは悪平等だ、割り増しは当然あるべきではないのか、など予算枠を作る前に基本的な議論が闘わされた。

コスト管理は経営として当然のことと思っていたので、一人一人呼んで議論をし、トコトン話し合った。もちろん単なる経費節約や締め付けではなく、かねて主張していた、現場感覚に裏付けられたコスト意識を実現するのが狙いだった。

私は生来、なぜだか分からないが数字には強かった。番組予算についても、資料を見ればすぐ頭に入ったし、一年前、二年前との比較などは、頭の中に整理されていた。そのこともあってか、長澤は数字に強いという伝説があり、ずいぶん得をしたように思う。

コスト意識の徹底についても、最終的には皆の了解を得て実行に移すことができたが、番組ごとのコストを決める根拠は本当に難しかったように思う。

芸能局長時代の部長で私を全面的に助けてくれた人はたくさんいるが、その中の一人に、中道定雄がいる。中道は「二十の扉」や「話の泉」などラジオのクイズ番組の黄金時代を作った人だ。もう八十八歳だが、風迅洞の名前で今なおＮＨＫのラジオ「都都逸教室」の審査員をして頑張っている。

およそ自信など持てないと思ってきた芸能局でも、一つ軌道に乗ると、何ほどかの自信のようなものが生まれる。ここでも仲間に恵まれたおかげで順調なスタートを切ることができた。

よし、今度は本業だ。私は今まで漠然と描いていた、こんな番組ができたらいいと思っていたものを番組の企画として具体化させることを考えた。

大河ドラマ「花の生涯」を企画

テレビドラマは今までもあったが、映画に比べて概して地味で暗いものや真面目なものが多く、これぞエンターテインメントというものが少なかった。

日曜日の夜、皆で楽しめるドラマ番組、年寄りから子供まで皆で楽しめる大型ドラマ、この番組だけは何が何でも見たくなるようなもの、私はかねてそういう番組を思い描いていた。

さらにはＮＨＫならではの企画、今までの積み上げてきた力を集めて、華やかな大河の流れとして花を咲かせたエンターテインメント。俳優で言えば、日本を代表する大物、今全盛の映画スターを総動員し、映画に対抗できる大型エンターテインメントを作ろうと考えた。

大河ドラマはこのような発想の中で生まれた。

第一回が「花の生涯」（舟橋聖一原作）、動乱の幕末を背景に大老井伊直弼の生涯を描く。井伊直弼は尾上松緑、そのほか佐田啓二、淡島千景を配した重厚にして華やかな彩りを持った大河ドラマを誕生させることを思い描いた。

第二回が長谷川一夫主演の「赤穂浪士」（大佛次郎原作）である。

もとより私はドラマの演出、制作については自信があるわけではない。したがって誰かが私の気持ちを理解し、番組として実現してくれなければ掛け声倒れになる。この点については当時の芸能局プロデューサーの合川明君などが私の考えを十分理解し、不可能を可能とする血の出るような努力を重ねてくれた。

テレビ放送がスタートしてまだ八年目の時である。人もカメラも狭いスタジオをドタドタと走り回る、意欲はあっても、地味で一人よがりのテレビドラマだった。

それに昭和三十五（一九六〇）年当時は、松竹、大映、東宝などが主要な俳優をテレビには出さないという五社協定を結んでいたから、長谷川一夫や京マチ子、淡島千景といった大スターをテレビに出演させることは不可能なことだった。

しかし私は諦めなかった。徹底的に現場にムチを入れた。

第一回の「花の生涯」プロデューサーだった合川明君の思い出を、平成十五年の『朝日新聞』の夕刊から抜粋してみた。


日曜日の夜、家族皆で楽しめるドラマを作れ」。新任の長澤芸能局長にじかに命令されました。「おれは報道出身で、芸能のことは無知だ。好きなようにやってみろ」。ただし、今、全盛の映画スターを使うこと。佐田啓二、長谷川一夫、淡島千景、京マチ子、ズラズラ名前を挙げるのです。（……）なんと、お素人の怖さ、できっこないよと思ったものです。京橋の大映本社で「うちの重役スターを電気紙芝居に出すわけにはいかないよ。帰りたまえ」とヒゲの永田ラッパ社長に何度も門前払いを喰った。「赤穂浪士」での大石蔵之助役の長谷川一夫、京マチ子の出演依頼の時の屈辱でした。当時は新劇人にも芸が荒れると断られたものです。何度通ったか知れません。ねばってねばって最後の一押しの時、電話で長澤親分に、局長来てくださいと呼ぶと飛んできてくれた。永田社長と長澤親分との握手にこぎつけた時は嬉しかった。

大河ドラマ第一回「花の生涯」の時もそうです。あらすじを作って、松竹と佐田啓二にぶつかっていったわけですが、けんもホロロ、歯がたちません。長澤さんに泣きを入れると、何言ってる、何回でも行け、局長の考えは微動だにしない。毎土曜ごとに田園調布の佐田邸に押しかけました。

佐田さんは小津安二郎の秘蔵っ子スターです。撮影がいつも延びて待つ間に、まだ幼かった中井貴恵、貴一の姉弟にトランプを教えたりしてました。会えても佐田さんは世間話ばかり。毎週月曜日、局長室では叱られる。この繰り返しです。十数回目の佐田邸で、半分ヤケになり、「もういいです。帰ります」預けた台本を手に立ち上がったら、「合チャン、ちょっと待って。聞かせて、長野主繕の役の性根を」と言われました。やっと作品、配役、井伊直弼について、監督、カメラ、照明のことまで聞かれました。嬉しかったですね。佐田さんは柔らかな声と男の色気があり、夜の銀座でも大スターでした。

しかし長谷川、佐田、この二人のテレビ初出演がきっかけで、まさにキラボシの五社スターがテレビ界へのなだれ込みが始まりました。

私も当然のことだが、芸能局長として、脚本についても大物とずいぶんやりあった。その一人が北条誠氏である。早稲田の二年後輩だったが、一夜さる料亭で大喧嘩になり、最後は分かり合って握手した。その後は肝胆相照らすほどの間になった。

ドラマのことは素人だったが、俺でなければできない分野が必ずあるはずだ、どこかで私らしい応援を現場にしてやろう。とにかくぶつかっていった。

長谷川一夫を口説く時も現場には黙っていたが、暮夜ひそかに二人きりで会って、現場の後押しをした。

長谷川一夫は、やるのなら徹底した娯楽路線ならいい、変な教訓をたれたり、傾向の強いものは嫌だと言う。それこそ私がかねて思っていた路線だと言うと、それならというのでこっそり握手をしたことがあった。

北条誠氏が私のことを当時の『北海道新聞』に書いている。少し褒めすぎていると思うが、北条氏を偲んで、一部引用する。

長澤さんは、おれはドラマのことは何も分からないといつも言っている。これが曲者で、驚くほどカンのいい人でしかも決断力がある。大河ドラマも今ではもう常識になったが、当時としては大冒険をしてくれた。「花の生涯」の後「虹の設計」を書いた時も、何年でも思う存分やってください。とかくうぬぼれの強い僕をおだててくれた。……将棋で言えば平気で大駒を切り、「歩」が成って金になった「ト金」を作る名人だった。美丈夫で話しぶりがざっくばらんで、ちょっとやくざで、さぞかし女にもてたろう。

大河ドラマはそれ以来現在まで四〇年以上も続いている。時代劇が続きすぎて一時、「山河燃ゆ」「春の波濤」など現代物の路線に切り替えてみたようだったが、この路線は必ずしもアピールせず、中だるみになり、もういい加減やめたらどうだという声も出たことがあった。

平成のはじめ、ドラマ出身の川口幹夫が会長になって、てこ入れしてくれた。いったん落ち目になったものを盛り返すのは至難だった。しかし大原誠君演出のジェームス三木の書いた「八代将軍吉宗」が大ヒットして見事、息を吹き返してくれた。

ジェームス三木については夫人との離婚訴訟のトラブルがひっかかり、主婦層から反発が出ないかとの心配もあったらしい。当時の川口幹夫会長が「心配するな、思ったとおりやれ」と言った一言がなかったら「吉宗」のヒットはなかった。川口の判断の勝利である。これは大原君の述懐である。

最近の「新選組」や「源義経」「功名が辻」から「篤姫」といい、なかなか健闘しているのを見ると、「花の生涯」や「赤穂浪士」の頃が思い出されて感無量である。

俳優の第一人者に森繁久弥がいる。満州のアナウンサーを振り出しに、俳優として力をつけ、「三等重役」「社長外遊記」などのサラリーマンもので一躍名を馳せた。

昭和四十年代になって、三菱重工業ビル爆破事件などを機に、放送センターの出入りを厳重にチェックするようになった。名前を知っている俳優や部内役員まで、玄関で誰何することになった。

スタジオに収録に来た森繁は「どちら様ですか」と名前を聞かれ、激怒した。俺は帰ると言って、聞かなかった。当時の川口幹夫放送総局長がお詫びをしてやっと機嫌を直してもらえた。警備の側にも、もう少しうまく対応する知恵があったのではないかと思う。

森繁さんにはもう一つ思い出がある。ある晩家で横になったところへ電話かかってきた。たしか十二時を過ぎていた。

「長澤さん、寝ている時ではない。まだスタジオにいるんだけど、暑くてたまらない」と怒鳴られた。今と違って、番組がカラー化になった頃は、カラーの照明は明るくて熱を帯びて、冷房もあまり効いてこないから真夏のドラマの収録は大変だった。

森繁さんは芸能局長に電話をかけているところをスタジオの皆に聞かせて、なだめようとしたのではないのかと思っている。いかにも森繁さんらしい話だった。

テレビのスタジオは窓が無いから、外は一切見えない。緑といえば小道具が並べてくれる鉢植えの緑だけ、長時間制作の仕事をするには最悪の条件だった。そこに暑さが加わるから森繁さんの言うのももっともだった。

あの頃、何かにつけていい仕事をしてくれたのは一人は西沢實であり、永六輔である。それに加藤駿一である。放送のために生まれてきたような人たちで、ＮＨＫはこの三人にずいぶん助けられたと思う。ダークダックスの方々にもそうである。今なお活発に活動を続けているのには敬服する。

芸能局の仲間を紹介するときりがないから、三、四人ばかり名前を挙げておく。

芸能の名物男に、和田勉がいた。和田は「天城越え」の松本清張シリーズなど名作を残して有名だったが、その特異なパーソナリティーもあって、吉田直哉と並んで何かと話題になっていた。和田と比べて、じっくり型の岡崎栄は終戦秘話を扱った「マリコ」や中国残留孤児をとりあげた「大地の子」で名を馳せ、後に芸術選奨そして紫綬褒章を受けている。岡崎は喜寿を過ぎて今なお現役で頑張っている。最近も日韓の素材を取り上げた「海峡」が評判だった。

一人だけ女性を挙げておく。地味であまり目立たなかったが、土居啓子で、昭和九（一九三四）年生まれ、ドラマや民謡のプロデューサーとしてぴか一だった。同じ芸能のプロデューサー土居俊介と結婚、人も羨む仲むつまじい生活を送っていたが、ガンに倒れ数年前、世を去った。私は夫妻ともに親しかった。

昭和四十（一九六五）年、二人の結婚の時も媒酌を頼んできた。しかし私はその日から芸能局長から営業局長に行くことが決まっていたので、「今日から俺は局長じゃない。後任の芸能局長坂本に頼め」といって坂本に私の代わりに媒酌人になってもらったことがあった。後に会長になる坂本朝一である。なお土居俊介は定年後、古賀政男財団の仕事もしている。

元は教養文化系統のディレクターだった各務孝は、後に芸能に移ってきてまた別の花を咲かせている。「ステージ一〇一」から「銀河テレビ小説」まで幅広い仕事を残した。なかなか奥の深い人物だった。川口幹夫が会長を辞めてから、ＴＢＳのプロデューサーだった大山勝美などと作った「放送人の会」でも活躍している。

「事件記者」という連続ドラマのディレクターだった座古悠輔は私が営業に移ることを知ると、一緒に芸能をやめて営業に移りたいから連れて行ってくれと懇願してきた。せっかく看板番組を担当しているのにもったいないと言っても聞かなかった。結局営業に来てもらうことになった。

邦楽番組に新風を、水野好子と根岸登喜子

芸能局長になって間もない頃である。

ある人を介して邦楽プロデューサーの水野好子さんの来訪を受けた。水野さんの話は次のような内容だった。

昭和三十年代、当時NHKの邦楽番組は家元クラスの長老が出演するばかりで、大学を出たばかりの若手の邦楽家の活躍の場がない。今ただちに、次の時代の邦楽をリードするような新人の演奏家を育成しなければ、日本の伝統音楽は衰退する。そのためにも、若手演奏家が出演する番組を考えて欲しい。

このような内容だった記憶がある。同感だった。その通りだと思ったので、ただちに担当者を呼び検討してもらった。この時のアイデアが元で「現代邦楽」という番組が生まれた。新番組は

邦楽のルネッサンスと呼ばれ、邦楽界の大きな話題にもなった。

この番組から尺八の山本邦山、箏の沢井忠夫、砂崎知子などが成長していった。山本邦山は今や人間国宝になっている。

水野好子さんはかなりの年配になられたが、今もご健在である。

小唄や端唄《はうた》の第一人者だった根岸登喜子とは、邦楽のプロデューサーの片山彦三の紹介で会ったのが始まりである。

生まれは麻布笄町、幼い頃から長唄や小唄を身につけてきた根岸は、昭和二十九（一九五四）年には築地で小唄教室を開いている。松下幸之助氏も習いに来たことがあるという。

その頃、NHKが邦楽の後継者を育成するため、NHK邦楽技能者育成会を作って募集をしていることを知った根岸はさっそく申し込んだが、年齢が四歳オーバーしているから駄目だと断られる。

しかしどうしても勉強したい、とNHKに日参した。断られても断られても頼みに来る根岸に担当者はとうとう根負けした。

「机を一つあげるから、一学期末試験に通れば、正規の生徒にしてあげる」

根岸は猛勉強して試験を無事パスした。私が会ったのは卒業して一カ月くらいたった時だった。

片山とも相談して、次のことを根岸に要望した。

「端唄は今、風前の灯だ。小唄と端唄と声の出し方が違うから、端唄をやるなら小唄は捨てなければならない。ほかに適任者もいないし、何とか検討してくれないだろうか」

根岸さんはこの話を真剣に受け止めてくれた。端唄については「春雨」や「秋の夜」など、どの唄も祖母が私に子守唄代わりに唄ってくれたものだったから、これならやれると思ったという。しかし小唄の弟子は約一〇〇人はいる。その月謝で生活しているからやめられない。やめれば収入がなくなる。悩んだ末、根岸は私に返事をくれた。

「小唄はやめます。弟子とも別れます」

根岸さんはざっくばらんに、収入の道が途絶えることを口にした。「そこまでの犠牲を負わせるのは問題だ」私は何か番組を考えてみることにし、また片山君に相談してオーディションを受けてもらい、三浦布美子、山本真由美、根岸登喜子の三人で売り出すことにし、翌四十年からは「芸能百選」という番組として毎月一回放送することになった。

また昭和四十三（一九六八）年に「端唄の会」を立ち上げ、それから三一年にわたって続くことになり、根岸は端唄の普及と復興に生涯を捧げたといっても過言ではない。

根岸登喜子は平成十二（二〇〇〇）年、多くの門弟に見送られて永の旅路についた。

根岸流は二代目根岸礼が継承し、根岸の夫、倉田喜弘とともにがんばっている。なお、邦楽協会の中島靖子会長には今も何かとお世話になっている。

片山もこの世界では長く、退職後もサービスセンターの嘱託として、邦楽関係の仕事でご苦労ねがった。その後継者である駒井邦夫は邦楽の権威で、音楽部長も務めたが最近定年になり、金沢音楽堂の館長として活躍している。

「紅白歌合戦」のこと

「紅白歌合戦」の審査委員長は四回やった。これも演出面は現場の諸君がやってくれたので、改めて私が特に言うことはないが、昭和三十七(一九六二)年、草加次郎という男が島倉千代子後援会事務所に、爆発物の入った手紙を送りつけるという事件が起きた。

翌三十八年、その年の紅白にも同じ草加次郎を名乗る男が爆弾を投げ込むという予告電話が放送センターにあり、必ず爆破するという手紙もきていた。会場となる東京宝塚劇場は大騒ぎになった。大騒ぎと言っても表立って騒いだら、客は来なくなる。対応策は秘密裡に行われた。

この年は吉展ちゃん事件のあった年で、力道山が刺され、ケネディ大統領が暗殺され、世間が騒然としていた年でもある。

私は警察にもお願いし、あの広い宝塚劇場の椅子一つ一つひっくり返して点検した。トイレの中も全部蓋を開けて調べた。審査委員長なんていってのんびり構えていられない。先頭に立ってトイレの蓋を開けて歩いた。当日は私服の刑事も十数人入ってもらい、警備にあたった。

入場者についてのチェックも厳しくおこなった。少しでも不審に見えた人物は容赦なく職務質問したため、歌手の付け人にどやしつけられる場面もあった。

私は責任者として本当に心配だった。もしものことがあったら番組はぶちきってニュースに切り替える措置は決めていた。しかしそんなことは枝葉末節だ。来ているお客さんに少しでも間違いがあったら申し訳ない。

番組で人を集めておいて、その中の事故だったら顔向けできない。とにかくやれるだけのことはすべてやった。やってもこれだけは成算がないのだ、そう思うと、本当にからだが震えた。何事もなく終わってほっとした。

しかし「紅白歌合戦」も長く続けると、最近はかなりしんどくなってきているように思う。努力しているのはよく分かる。しかし世の中が変わってきている。一つの番組を見て大晦日を過ごす時代でなくなってきている。その上、演歌と若者音楽とに流れが分かれてきている。再考が必要かもしれない。

なお、第十四回の紅白歌合戦が視聴率八一・四パーセントという、あらゆるテレビ番組で最高の記録を出したことは特記されて良いと思っている。ついでに言えば「花の生涯」も五一パーセントという数字を出したことを覚えている。

芸能局長をしていると、政界、経済界、官公庁、自治体とあらゆるところから様々な頼みごとがくる。

そのほとんどが売り込みである。その中でも多いのが、その地方出身の歌手の売り込みである。特に地方の政治家の場合は、地方出身の歌手の後援会長をしている場合が多い。この対応は一筋縄では難しい。

断るのも簡単ではない。かといって受けていたら収拾がつかなくなる。

ＮＨＫとしての筋を通しながら、相手の機嫌も損じない方法はないかと考えた。その結果、私なりの対応を決めた。つまり頼んできたものはすべて面接し、試験をする。その結果、力のないものは条理を尽くして諦めてもらった。もちろん掘り出し物もたまにはあった。

東京放送劇団のこと

東京放送劇団は後に会長になる坂本朝一が育てた。坂本は昭和十三（一九三八）年入局だが、一貫して芸能畑を歩き、先に書いたように私が芸能局長時代は次長として誠心誠意助けてくれた。

劇団の中でも巌金四郎、加藤道子をはじめ多くの劇団員と、親しく付き合ってもらった。加藤道子は森繁さんとコンビで「日曜名作座」を長く続け、長寿番組になった。定年までラジオ一本で頑張り抜いたディレクターの上野友夫の力もある。私は今もなお、寝る前に「名作座」の録音を毎週聞いている。実にいい、時には睡眠薬になっている。

加藤さんは大変な達筆家である。文字は心を表すというが、あまりの見事さで彼女から来た手紙は今も大事に保存している。二〇〇四年に亡くなられたが、心からお悔やみをしたい。

同じ劇団員で、舞台朗読といった分野を切り開いたのは幸田弘子さんである。

幸田さんの樋口一葉は何度聞いても感心する。先日彼女と久しぶりに電話でお話をしたが、あまりに若々しく声に張りがあって、まるで四十代の声だった。幸田さんのご主人、三善清達氏は東京音楽大学の学長を務めた有名な音楽家である。

三善氏は当時はＮＨＫの音楽部員だったからよく知っていた。イタリアのオペラを呼ぶ時など、私の代理で行ってもらった。その弟の三善晃氏は有名な作曲家である。

そんなこともあって、ご夫妻とも遠慮のないお付き合いをさせていただいている。

札幌放送劇団からも白坂道子が東京にきた。やはり朗読をやらせたらうまい。綺麗でなかなか味のある発声である。もう七十を越したと思うが今もまったく現役である。

黒柳徹子の活躍ぶりの凄さは私が言うまでもない。

藤山一郎のこと

私は彼のことをピンチャンと呼んでいる。私より三つか四つ上だった。

慶應の幼稚舎時代から伸びのある歌唱力は抜群だったらしい。藤山氏とは、出演者とＮＨＫとの関係を離れての遠慮のないお付き合いをさせてもらった。ゴルフもよくやった。プレーが早くマナーがよく、マナーの悪い人が一緒だと叱ったりするので嫌がる人もいたが、オベンチャラを言うこともなく、真っ直ぐな人だった。

私が芸能局長になると、「泰ちゃん、俺を音楽部員にしてくれよ」と何度も頼みに来た。冗談じゃない、ピンチャンは大事な人気歌手ではないかと言っても聞かない。彼はサラリーマンのように毎日出勤して音楽ビジネスをやりたいのだという。人気歌手であるというだけでなく商人の魂があった。どうしても駄目なら机だけでも置いてくれという。あまりしつこく言うので、私も少し歩み寄って、机だけ置いてやった。すると彼は毎日嬉しそうに出てきて、本当に満足げに何かをやっていた。

声に張りがあり、晩年は「紅白」でオーケストラの指揮も執った。彼は本当にオールラウンドプレイヤーで、その貢献度は美空ひばりに匹敵すると思う。放送文化賞はピンちゃんに対する当然の感謝の印だった。

奈良光枝、佐藤邦彦夫妻のこと

私の同期入局で音楽部長になった佐藤邦彦がいる。佐藤は熊本の資産家の生まれで、学生時代から、明治大学古賀政男のマンドリンクラブに席を置いただけあって、音楽の世界に通じていた。夫人は人気歌手の奈良光枝である。

奈良光枝の最盛期は、美人で歌唱力に優れ、「紅白」も連続出場だった。しかし健康を害し、次第に歌唱力も衰え、誰言うとなく、あれは亭主が音楽部長だから、とささやかれるようになった。

芸能局長として私は決断をした。佐藤が音楽部長になっている間は、奈良光枝を放送に出すのは慎むべきと考え、佐藤に内緒で、奈良を新橋第一ホテルに呼んで、時間をかけて話したが、辛い話だった。奈良は育ちもよく美しく、言い分もあったと思うが、了承してくれた。辛い話だった。あの時のことは今でも忘れられない。

奈良が亡くなると、佐藤は後を追うようにして世を去った。

営業局長時代

昭和四十（一九六五）年は一月に異動があった。異例である。昭和三十九（一九六四）年の秋の東京オリンピックのための臨時の放送体制を解散するため、異例の一月の異動である。

私はその異動で、営業局長を命じられた。それまでの加入局から名前を変えた営業局の初代局長だった。

加入局時代は加入業務の管理が中心だったが、これからは受信者と向き合って、その意向を経営に反映させるなど、受信者サービスと意向吸収を積極的に行い、NHKとしての独自の営業活動を目指す姿勢を内外に明らかにしたものだった。

私としては、今までは予算を使う一方の部署だったが、今度ははじめて収入を得る側の仕事になった。

どうも私は知らない仕事、不得手の部署に行かされる運命にあるように思った。長澤なら何とかこなしてくれるという信頼も少しはあるのかと思って自分を慰めた。

中には、長澤もいよいよ放送部門を追われたか、そういうことを言う人もいた。しかし私は営業が嫌いではなかった。

ＮＨＫの営業は受信料の収納が仕事である。ＮＨＫの業務は放送と技術と営業が三本柱だから、放送以外の他の柱に挑戦してみたいという気持ちもないではなかった。

営業局長になって間もなく前田会長から理事を拝命した。営業局長は兼務のままということだった。昭和四十（一九六五）年四月である。

営業部門に来てみて私は、この部門が容易ならざる仕事だということを改めて認識した。何しろ全国四千万世帯の受信料を、人間の足で集めて歩くのだから大変である。

いわゆる滞納問題も、意図的な滞納以外に、不可抗力に近い場合もあった。東京や大阪のような大都市圏では、所帯の移動や住所の変更が恐るべき数に上り、引越しの際の本人不在による一時的な未納も積み重ねていくと、大変な数になっていた。

特に職業を持つ女性や学生や若者の中には深夜帰宅の人も多く、支払い拒否の考えのない人でも、引越し先の住居で本人に会うことは難しい。このような場合、つまり引越しをしてまだ会えないでいる状態は、数字的には一時的な滞納者としてカウントされてしまうのである。

受信料自動引落しシステムの導入

どうしたらいいか、ここでも私は初心に帰って、時間をかけて、営業局の幹部の意見を聞いてみた。営業の実力者といわれた長岡門章とその部下を中心に何度も議論を重ねていた。その時のメンバーの名前は今も忘れられない。辻紫郎、山中城作、宮本革昭、村田満彦、柴田正臣、増尾豊、松本和彦、飯垣国吉、伴清などである。

本人不在でも自動引落しができれば解決できるはずだ。受信料にこそ、銀行口座による自動引落しが必要だ。

それまでも提案がないわけではなかったが、問題がありすぎて実現は難しいと思われていた。私はこの銀行口座制による受信料の自動引落しを本気で導入することを考えた。不在対策としてだけでない。全国の世帯を相手にする人海戦術では、年々増える受信者に対応する事務経費や内外の営業要員の人件費の増加で、早晩行き詰ると感じていたからである。

しかし現場で議論をしてもらうと問題は簡単ではなかった。集金人の削減が口座システムの目的なら集金人の協力は得られないとの指摘もあった。人員削減が目的ではないといっても、結果的には削減につながる。実際、集金人のマンパワーが不要になった場合、解雇するのか、それとも退職者を補充しないで自然減を待つのかの議論があって騒然とした。集金人組合や労働組合との話し合いも簡単ではなかった。

当時は、労働組合全体が合理化反対闘争で燃えていた時代だ。狙いがよくても、戦術を誤れば、うまく軌道に乗せられない。財務担当の志賀専務も当初、反対だった。自動引落しに伴って優遇措置を併用する策が有力だったが、例えば一年前払いの人に一カ月割引するという考えは、公平負担という受信料の思想と相容れなかった。それに繰越金を認めることになり、監督官庁との調整も難しかった。今までの業務の流れや秩序を急激に変えるのは無理ではないか。やるとしても時間をかけてやるべしとの慎重論もないではなかった。

しかし私はやるなら早急にやるべきとの信念があったから、何度も論議を重ねてもらい、ついに、前田会長、小野副会長、志賀財務担当も賛成するにいたり、よしやろうとなった。やる以上は不退転の決意でやろうとなった。

今考えるとこの方式を取ったことの意味は大きい。我ながらよくやったと思っている。さっそく、全国の金融機関に呼びかけ、銀行口座方式による自動振替の説明会を開いた。集まった銀行の数は予想をはるかに超え、金融機関の関心の深さを感じさせた。

今日では口座振替は当然のこととなり、加入率も八五パーセント前後に迫り、受信料制度を支える不可欠のシステムになっている。

営業はなんと言っても一人一人の受信者と向き合う仕事である。かつてＮＨＫの集金人が井戸端会議をしているところに顔を出したりすると、ご苦労さんと声をかけてくれ、わざわざ家に来なくてもと言って、まとめてその場でお金を出しあったり、お互い立替えてくれたりした。それだけＮＨＫを信頼してくれていたのだ。

しかし昨今の不祥事以来、そんな甘い関係は期待できなくなり、皆が皆そうではあるまいが、全体にクールになってきていることは事実のようだ。今は同じ仕事でもご苦労が多いと思う。

それだけに銀行口座振替は、時代の変化を先取りしたシステムだった。

四年前に起きたＮＨＫの不祥事によって、受信料不払いが口座の自動振替の解消にまで広がっていると聞き、当時のことを思い、なんとも情けない気持ちだった。このシステムだけはなんとしても守ってもらわなければと思っているが、職員の努力で、不払い者は減少傾向を見せはじめていると聞き、本当に嬉しい。

放送現場から営業に移った時は、皆目仕事も分からなかった。営業の仕事全体を見直すについては、竹内省三に大いに助けられた。竹内は有能な事務官僚で、前田会長の信任が厚く、今まで経験則でやってきた営業の仕事を新営業体制として、構築しなおし組合に提示するなど、システム作りがうまかった。

また受信サービスといって、家庭レベルの受信トラブルを解消するための方策を早急に立てる必要を感じ、技術畑のエリート高橋良に、時の技師長に頼んで営業に来てもらった。

高橋は判断の速さと行動力があり、全国に受信機サービスカーを配備する構想を立てて具体化した。運転は国際自動車に委託した。高橋は後に技師長専務理事になったが、数年前に他界したのはなんとも惜しまれる。

営業の精神は受信者一人一人と向き合うことだったから、受信者の意向を目に見える形で、番組に反映させることを考えてみた。その一つとして、全国の営業部長が視聴者の意向を把握した上で、その意向を「紅白歌合戦」の歌手の選定に結びつけるという、画期的なアイデアを実現したことがあった。

話はそれるが、戦後間もなくＮＨＫでも給料の支払いに事欠いた時代があった。昭和二十一（一九四六）年から二十四年頃にかけてであったと思う。

この頃はインフレによる物価の上昇が異常な時代だった。

郵便料金を例に見ても、昭和二十一年は封書三〇銭だったのが翌二十二年には一円二〇銭である。さらに二十三年は五円、二十四年八円、二十六年一〇円と物価上昇のテンポはまさに異常であった。ビール一本の値段でみると、昭和二十（一九四五）年が二円、二十一年六円、二十二年五九円六一銭、二十三年一六二円。

驚くべき高騰である。

異常なインフレが進行する中で、職員の給料についても、普通の支払いでは物価高騰についていけない。収入源である受信料が追いつかない。給料の遅配も出たし、月に二回に分けて支払うこともあった。

インフレに対応して受信料を毎年値上げするようなことはできない。しかしこのままでは給料も払えなくなる、仕方なく大手銀行に融資をお願いしたことがあった。

その時、助けてくれたのが、今のみずほ銀行の前身である、当時の特殊銀行の勧業銀行だった。勧業銀行はその後第一銀行と合併して第一勧銀となり、さらに富士銀行と日本興行銀行と合併してみずほ銀行となった。口座振替システムがみずほ銀行を中心に展開されているのも、そんな経緯と無関係でないと思う。こうした流れは歴史の一ページとして知っておいて欲しいと思う。

労務担当専務として

昭和四十一（一九六六）年の正月、前田会長から突然、営業担当から労務担当に替わってくれとの深夜の電話を受けた。担当の佐野弘吉理事が事情あって担当を替わることになったという。会長の電話が有無を言わせない切迫感があったので、理由を聞かず、私は引き受けることにした。芸能から、営業そしてまた労務と、またもやはじめての世界の担当である。

その頃どこの企業も労務問題で苦労していた時代だった。一般の労組もさることながら、企業内組合との関係の難しさもあった。

私が労務担当だった昭和四十年代は、日本の労働運動がもっとも盛んな時代でもあった。戦後の食糧難や生活苦の中での労働運動の高まりと違って、日本全体が高度成長期を迎えていたその中での労働運動だったから、単なる経済要求を超えて、労働環境の点検や業務全体の改善を求める、労働者としての新たな意識にたった運動の色合いが強かった。

また政治的には、いわゆる五十五年体制が定着し、総評、社会党主導による労働運動が企業内組合にまで及び、企業の賃上げも、春闘方式という枠組みの中に組み込まれていた時代でもあった。

その後の時代背景を見ていくと、東大紛争に代表される学園紛争が一般化し、長期化するベトナム戦争反対運動に結びつくなど、企業内だけでは決められない要素が労使関係にまで及びかねない状況だった。

ＮＨＫの場合も、総じて賃上げ闘争が主流だった組合運動が、業務全般にわたる改善闘争の性格を強めていく。思いつくままに二、三の例を挙げてみる。

一つは大型コンピューター導入によって生まれる、業務の合理化と人員削減につながる新たなテーマである。スタジオや機材、人員増、ひいては放送の自由を守る運動にまで及ぶなど運動は多様化していた。

そして予想もしなかった管理職昇進問題である。これはテレビ放送に備えて、大量に採用した職員の管理職昇進が組合に及ぼす問題だった。すなわち管理職になることによって、組合員が減少する。これが一度に大量となると、組合の団結権侵害という新たな問題が生ずる。この問題は東京都の労働委員会に提訴された。

このように労務問題は時代の変化を反映して多様化し、企業の枠を超えた外部情勢と連動していた。こうした状況の中での労務担当就任だった。

現場から人材を集める

労働組合の発想が全業務を点検する闘争に変わりつつある中で、スタッフも今までのように労働法や労務管理の知識経験だけでは対応に限界があると考えた。思い切って、全職場から人材を引き抜いて、人事や労務部門に投入することを考えた。

後に副会長になる中塚昌胤は放送現場でのエリートだったが、特に労務局長に抜擢、労務生え抜きの鈴木猛を部長に据え強力なコンビを作った。とりわけ鈴木は労働関係の知識に通暁し、労使関係の舵取りについては卓抜した手腕があった。鈴木はこの後人事本部副本部長となった。以来鈴木とは本当に心を許し合い、今なお家族ぐるみの付き合いである。

中塚、鈴木のコンビができるまで、何人かが労務部長を務めた。

はじめ学校放送の現場から労務部長になってもらった横井昭は、むしろ人事部長が適任と考え、その後長く人事部長を務め、後に副会長になった。

次に労務部長になった土居治夫はその後、山形放送局長など現場の指揮官になってもらい、後に総務局長になった。土居は労務部長は短かったが、律儀で誠心誠意務める人柄は忘れ得ないものがあった。土居は山形に引っ込んでから、夫人と一緒にサモワールという喫茶店を開き、地元の政財界や文化人の溜まり場になったらしい。私にも一度ぜひといわれていたが、機会がなかった。

ロンドン特派員だった元経済部記者の松本幸夫を労務部長に起用し、現場感覚を労務管理にとり入れた。後に大阪の局長を経て専務理事になったが役員退任後、早くに病に倒れた。惜しまれる人材だった。

部長以下のスタッフにも現場から人材を引き抜いた。少し長くなるが当時のスタッフの何人かを列挙しておきたい。

技術部門から起用した井上豊には新しい労使関係の構築などに取り組んでもらった。井上は発想が豊かで実行力もあり、後に労務部長を経て財務担当理事になったが、一期での退任は惜しかった。もっと長く経営の中枢にいてもらいたい人材だった。今でも何かと世話になっている。

コンピューター導入を契機に始まった放送、技術、営業などの合理化問題には今まで未開の分野だったが、報道番組のディレクターだった佐々木欽三を起用し、人員削減計画や一県複数局の再編成、放送センターの移転問題など、多岐にわたるテーマを担当してもらった。

当時の若いスタッフには多種多彩、後に副会長になる菅野洋史、名古屋の局長になる末吉勇、日本衛星放送の編成局長を経てスカイパーフェクTVの関連会社の社長になる只野哲、国立の市長に立候補する蔵多得三郎、経理局の担当局長になる友安義照、総務局長になる堀淳一、NHKオフィス企画の社長になる岡野輝夫などがいた。

もちろん、労務生え抜きにも優秀な人材がいた。東大大学院で労働法を専攻した斉藤滋は労使関係の法律の生き字引だった。労働法や労使の協定について、何かといえば斉藤に有権解釈を求めたものである。経営管理出身の田中公夫もなかなかの理論派だった。

給与関係では独特の理論を構築したパンチの効く向田良がいた、向田は退職後共済会の年金部長を務めた。頭の回転がよく退職後もゴルフやマージャン仲間として付き合っている。向田の後継者の主計出身の俊才、加藤省吾は退職後NHKプリンテックスの社長を務めている。

異色の人材としては、長野放送局長から人事本部の副本部長に抜擢した桜井武治がいた。後に名古屋の放送局長になっている。

労務担当といっても人事も見ていたから、人事関係にも新しい血を導入した。長く組織管理を中心に担当してもらい人事部長にもなった石井貞吉、その後労務や厚生部長、人事部長も含めて人事本部を総なめして理事になる菅信五、放送部門を担当し、後に専務理事になりニューメディアを担当する植田豊など。人事生え抜きの中にも人材はいた。東大法学部で落語研究会出身の山本進や、後に関西の文字放送の社長になる下山耕平などは出色だった。

退職後もう一つの花を咲かせている人としては、NHK出版の専務を経て現在も新劇活動を続けている佐藤修、また早くに退職して、ケンウッドの社長になった岡誠、技術部門のエースで札幌の局長になり、やはりケンウッドの専務になる花田昂樹、理事退任後、日本ユネスコ協会の役員として活動している鈴木幹夫など枚挙にいとまがない。

労務担当は勘だけでは難しく、労働法や労働組合法にも通じている必要がある。労使慣行などをめぐる多くの判例にも目を通しておく必要がある。そこで私自身勉強が必要と考え、適当な事務官を推薦してもらい、ひそかに勉強した。

山田鉄郎である。後に総務局長になるのだが、当時はまだ一般職だった。国会事務局にもいたことがあるというだけに、事務的な知識については、放送事業を超えた該博な知識の持ち主で、山田に勝る人はいないと言われた。

山田には数回、荻窪の自宅に来てもらい基礎的な職務知識を学習した。

もう一人、東京都労働委員会の某氏を紹介してもらい、労働争議や労使関係に伴う紛争や判例など、この方面の正確な知識を学ぶため、毎晩、仕事が済んでから通って勉強した。

山田はまだ若いスタッフだったが、私は山田から労務の仕事の何たるかを教わったように思う。私の心の中での山田の存在は大きかった。

その頃は春闘は長期化が普通で、放送会館の会議室に布団を並べて泊り込み、何日も家にも帰らなかった。新橋の第一ホテルに陣取ったこともあった。春闘華やかな時代で、ずいぶん皆にご苦労をかけた。

経営と組合とのはざまで

NHKの労働組合（上田哲委員長）の専従者は、NHKの職員が休職して専任していたから、多方面の人材が揃っていた。なかなか切れ者が多くシャープな組合で、私自身、団体交渉ではたじたじとなることも多々あった。

企業内組合の場合はどこでも同じだが、私は経営の立場と組合の立場と半々に足をかけて、無駄な対立は避けることを考えたが、この半々の立場は部内では必ずしも理解されなかった。

もっと厳しい経営の姿勢を貫くべきだという威勢のいい主張もあり、この辺の匙加減については、トップである前田義徳会長とも必ずしも意見が合うとは限らず苦しんだ。

当時の前田会長はどちらかというと、自分の考える原則に固執し、容赦しないところがあった。かと思うと俄かに現実的な妥協に舵取りを切り替えることもあり、私には読みきれないところがあった。

これは決して前田会長を誹謗しているのではない。

労務担当は組合という相手ある仕事である。経営の考えと組合の考えは違うのが当然であるが、経営の立場を貫きながら、無用の混乱や対立を避けるのも経営である。原則論だけではやりきれない。

当時、国鉄や電電公社など大きな企業出身の国会議員は珍しくなかった。ＮＨＫの労組からはじめて国会議員が出ることになった時は、政治の論理と労使の論理をどのように整理するのか大きな課題だった。

綺麗事ではすまない部分もあった。汚れ役が必要な時もあった。役員の中には、もっと経営の立場を貫くべきだと原則を強く求める人もいた。しかし当事者である私はいろいろなことを考え、現実策を選択したつもりだが必ずしも理解されないのは淋しかった。どこの企業でも労務担当は孤独なのだ。

春闘華やかなりし時である。ストライキや団体交渉が続いて何日も家に帰らない時が珍しくなかった。あと百円二百円上積みできないかと、激しい攻防が続いているうちに、時に前田会長が出てきてトップ会談で突然解決することもあった。

そんな時は決まって理事会の席で、「長澤君も苦労しているようだから」と前田会長は説明する。退く時は決まって、私を理由に譲歩の説明をされるのには参った。こんなことも言うべきではないと思っていたが、少しは本音を言いたい気持ちになってきていることで勘弁して欲しい。しかし今振り返って見ると、経営にも私にも力の限界があった。経営スタッフも私を含めてある意味では素人集団だったように思う。

労働運動全体が政治運動と連動していたし、反戦や過激派の動きも刻々と変化し、経営として必ずしも最善の方策を取れたといえない場合もあったと思う。全国の職場での分会団交なども、現場の職制の範囲を越える対応もせざるを得ない場合が少なくなく、傷ついたりそれがもとで倒れたりした人もいた。

その時はそれ以外の方策はなかったとは思うが、責任者として、経営としてやはり大変なご苦労をかけたと改めて申し上げたい。皆本当によくやってくれた。当時のことを思うと、泣きたいほどの思いである。

この頃のことを前述の鈴木猛はこんな風に述懐している。

昭和四十年代は、総評が力を持ち、労働運動も盛んな時代だったし、国鉄も電電も皆国会議員を出し、政治と労政の接点を求める時代だった。反戦や新左翼もいて、企業内組合だと思っていると思わぬ火傷をする時代だった。厳しく立ち向かいすぎて混乱すれば誰も助けてくれないし、甘くすれば経営姿勢が問われる。いつの時代も労務担当は苦労の多い時代だった。

ＮＨＫの職員は仕事柄、結構理屈の多い集団である。何かにつけて理論構築の要る組織だったから、組合側も組織をまとめるのに苦労が多かったと思う。

団体交渉なども理論闘争になることもあった。長澤さんは労務担当の経験はなかったが、持ち前の勘のよさでたちまち座り方を心得てしまうようなところがあって、なるほどと教わるところが多かった。とにかく一枚大きな人柄だった。義理人情と浪花節の人、いやもうちょっと違う、人間を信じて、人との深い付き合いのようなものを大事にする、そこから入って行く人だった。そんなことで、組合側にもその人柄に魅かれる人も多かった。

企業内組合であっても毅然とした姿勢は当然だが、常に話し合いのパイプも必要なわけで百点満点ということはない。もっと厳しくという意見もあったと思うが、あの時点では考えに考え抜いた路線だったと思う。今思うとやはり冷戦のさなかであり、日本全体の政治情勢に振り回されていたのかなとも思う。

とにかくこうと決めたことは正攻法でトコトンやる。私もぐずぐずは嫌い、よく考えて、やるなら一瀉千里で行くのが好きだったから、波長があった。私も全力投球した。不思議な人で接するだけで活力が湧いてくる人だった。生涯こんな人に出会うことはないと思う。

まあ、私を褒めてくれているところはさておいて、当時の状況はこんな感じだった。労務担当の仕事は私の後、芸能出身の大村三郎、報道出身の武富明に引き継いでもらった。誰しも同じ思いだったと思う。

労使を超えて

労務担当をやめて四〇年ほどになる。企業内組合ということもあるが、当時テーブルを挟んでやりあった諸氏とは今でも昵懇の間柄で、腹を割って話し合う仲になっている。

思い出すままに名前を挙げると、上田委員長の後を受けて委員長になった須藤安三、副委員長を務めた後に大阪の副局長になる信垣昭、合理化問題などで常に独特の理論を展開してみせた竹村七郎、上田委員長の懐刀で中央執行委員だった寒川幸一をはじめ、中央書記長だった人たち、一人は後に札幌の局長になる村上達弥、同じく仙台局長になる河崎斉や元アナウンサーの江口芳夫、技術系列の委員長の松本光義など、懐かしい面々である。

委員長だった上田哲は、昭和二十九（一九五四）年入局の社会部記者だった。組合の委員長になって、間もなく四十三（一九六八）年日本社会党から参議院選挙に立候補して当選。次に東京二区から衆議院に立候補して悠々当選した。なかなかの切れ者で反射神経のいい人だった。

上田氏は社会党の中でも中央執行委員教宣局長になり、一時は中央書記長候補にまでなった。現在は国会議員を引退しているが、政治活動は続けている。社会党全盛時代、一時期を劃した議員といえる。

ＮＨＫ役員の任期は三年で、二期六年が普通だった。労務担当も後半になると、そろそろ二期目も終わりに近づいていた。私は、一緒に役員になった志賀正信専務、長浜道夫監事と相談して、前田会長に面会を求めた。趣旨は、二期を残すことわずかになった。さらに三期を望む気持ちはない。二期ですっきりと後進に道を譲りたい。こうした趣旨のことを会長に伝えた。

前田会長は、君たちの同期の役員は、他に佐野弘吉専務、川上行蔵専務と五人である。五人とも任期が来る。どうするかよく考えたい。こんなことを我々三人に約束した。

しかしふたを開けてみると、佐野専務だけが残り、他の四人が退任したので、複雑な気持ちだった。社内でもいろいろとり沙汰されたが、佐野を残したのは病気が進行していたからだと前田会長は釈明した。病気は本当だった。

私の役員時代の六年間、終始私に仕えてくれた秘書の上出（旧姓中沢）由美のことを一言、書いておきたい。中沢は献身的に仕えてくれた。今は結婚してロンドンで幸せに暮らしている。日本に帰ってきた時は必ず連絡をくれる。

秘書でよくやってくれたＮＨＫサービスセンターの篠原ますみなども顧問になってからも長い間、よく面倒を見てもらっている。

さらに札幌局長時代の稲毛秘書を加えて、上出由美、篠原ますみ、稲毛希子この三人は現在でも交流があり、娘のような存在といっていいし、実際今でも十分可愛い、年とった三人娘である。

私の役員在任中、六年間、専用車を運転してくれた絹山敏世君は管理職運転手だった。まったく無事故で実直そのまま、勉強家でもあった。世田谷の喜多見の人で、思いやりもあり、実によくやってくれた。いまだに訪ねてきて、時にハッパをかけてくれる。

第六章　関連事業に全力投球して

NHK交響楽団理事長

　私は昭和四十六（一九七一）年、NHKの役員を二期六年で終えて任期満了で退任した。その時、前田義徳会長からNHK交響楽団理事長の話があったが断った。NHK共済会理事長の話もあったがこれも辞退した。誠にわがままで申し訳なかったと思っている。

　私は労務担当専務の頃、体調を崩し、退任してからも甲府の温泉に一カ月ほど逗留し、体力の回復に努めたが、その時、ゴルフ場をつくり、自然に親しみながら悠々暮らすことを考えていたから、一切の関連団体を引き受けるつもりはなかった。

　しかし前田さんの口説きもうまかった。N響は規模は小さいが文化的な価値が高く、世界的な評価もある。ＮＨＫの子会社の枠を超えた存在である。したがって今までＮＨＫ会長が理事長を兼務していた。それほどグレードの高い団体と考えている。それを会長兼務を解いて君にやってもらうのだ。それだけ君を重く考えている。そんな話だった。前田さん得意の弁舌だと思ったが、一理もあった。あまりお断りするのもどうかと思いお引き受けした。

こんな経緯で私は九代目の理事長になった。

Ｎ響には副理事長に、この世界では有名な国立音楽大学長でもある有馬大五郎氏がいた。しかし演奏面の本質的なものはお任せしたが、経営面までは手が届かない。また戦争中は日本の外国音楽は存亡の危機にあったこともあり、その傷からまだ立ち直れないでいた。

したがって団員の待遇も悪く、後継者も育っていない。陸軍軍楽隊や海軍の演奏楽団出身のプロに支えられていたという一面もあった。

まず楽団員の諸君が安心して音楽活動ができるように、一〇年の有期年金を制度化して、少しずつではあるが団員らしい待遇改善に努めた。

また長谷恭男理事の知恵で、新たにＣチクルスを設け、演奏の機会を増やして、少しずつでも経営の安定をはかることに努めた。これには裏方を務めた常務理事の佐々木宗夫の力もあったし、広報活動を推進した大山英治ほか、洋楽に精通した多くの生え抜きの職員の力があった。

Ｎ響は確かにＮＨＫの外部団体を超えた存在であり、大事に育てたいと思っていた。現在もこの考えに変わりない。

私の理事長時代ではないが、N響が大変なミスといえばミスを犯したことがある。指揮者の小澤征爾との間にトラブルがあり、長い間小澤がNHKに出演しないという問題があった。夫人の父である三井不動産の社長江戸英雄氏も心配して解決に努力したが成功しなかった。

一方で、小澤は世界的な指揮者に成長し、小澤征爾がNHKに出ないということはNHKとしても残念なことだった。

小澤氏と和解が進んだのは三〇年も後、川口幹夫が放送総局長を辞めて、N響理事長になっていた時である。川口の人柄と粘り強い努力で、水に流すことになった時は本当に嬉しかった。やがて川口は会長になり、江戸英雄氏のご努力もあって、正式な和解がNHKの会長室で行われ、小澤征爾指揮による久々のN響演奏がNHKホールから全国に向けて放送された。

N響の人たちが気の毒だと思うことの一つに駐車場のことがある。

高輪の練習所には楽器を自家用車に積んで来る団員が多く、しかし車で来ると駐車場がないため大変苦労しているのが現状である。

私は理事長時代に、都心の土地は高くて買えないから、一つ構想を雄大にして箱根に三万坪ほどの土地を買い、N響だけでなく技術研究所や研修所も入れた総合センターでも作ったらいいと考えた。

もちろん富士見が丘の運動場も売却して、箱根に統合する。N響のホールはもちろん、職員の結婚式場や関連団体の保養所も含める。今はそんなことを考える時代でなくなっているが、本来はこうした発想で解決すべきものと考えていた。

そこへ突然、小野吉郎会長の指示で、NHKサービスセンターに行ってくれと言われた。

私は、まだ二年しか経っていない、やりたいことが山ほどある、そう言って断った。この話は小野会長のところで書いたとおりである。

私は今でも箱根構想を諦めていない。賛同する現役が出現して、頑張って欲しいものだと思っている。

NHKサービスセンター理事長

理事長直結で新しい商品開発

N響を辞め、NHKサービスセンターに来てみて感じたことは、サービスセンターは昭和二十六(一九五一)年、NHKの周知宣伝を目的に設立された財団法人であるが、仕事の範囲が広くしかも雑多で、決め手のある主力事業が無いため、収益のバランスが取れないことであった。

実際その頃は、職員の給料の遅配も珍しくなかった。

しかし理事長になって、生え抜きの職員と話をしてみると、いい素質を持っていることが分かった。ただしNHK職員と多少似ているところもあり、温室育ちで、いささかおっとりしている印象を受けた。

しかし野生の力がある。その力をもっと生かせればと思い、私はまず各部課長を呼んで、この閉塞状況を打ち破るために、今やりうることの具体策の提案を求めた。はじめはなかなか本気にしてくれない。今思えば顔を知らない新顔の理事長が来て、いきなり役員を飛び越して、赤字解消のアイデアをと求めても無理な話だった。

私は部課長諸君に今は非常事態だから、理事長直結で対話をすることの意味を理解してもらった。役員諸君にはその前に話をして理解してもらっていたから、再度、赤字脱出の提案を募った。最後は財団の枠を多少逸脱しても構わないから、赤字を解消できる収益事業のアイデアなども求めた。

名前の通った美術工芸品をサービスセンターのアートコレクションとして商品化する案があったが、試作品の段階で、これが財団法人の業務なのかと雑誌で叩かれ、ＮＨＫ側の賛成も難しいことから見送った。

その頃、生え抜き職員としては後に常務になる堀光、中野順平などがいて、彼らとはことあるごとに議論を交わした。

そのうちＮＨＫの美術番組に使用した画のコピーを商品化する企画が出てきた。これにはＮＨＫ側も賛成した。

続いて「シルクロード」や「大黄河」のような大型番組の写真をシリーズとして商品化する企

画を考えたところ、読売新聞や朝日新聞から新聞販売店の拡材として大量注文が入るようになった。

この頃になると、各企業からNHKの番組のロゴや写真を使いたいという希望が多く寄せられるようになった。

「お母さんといっしょ」のニコニコプンが評判になると、子供用品、カレンダー、文具などの業界からキャラクター商品の申し込みが殺到するようになった。当時のキャラクター部長の後藤純雄やその後の中村正昭らが中心となって、軌道を敷いたものだった。

並行して、職員の採用についても発想を変えた。それまではNHKの採用試験と連動して採用者を考えたり、著名人の師弟や売り込みもないではなかった。これを一転し、独自に公募することにし、NHKに先駆けて独自の採用試験を行って、質のいい職員の採用に努めた。

また福利厚生の施設がまったくないので、伊豆半島にささやかだが部屋を確保した。将来はNHKの周知宣伝という最大の使命を大きく発展させたい。ハワイに支局を作り、海外への周知活動を起動に乗せ、総合的な厚生施設を作りたい。私の夢は限りなかった。

定年後の年金もなかったから、有期だったがはじめて年金制度を設けた。

サービスセンターで採用した生え抜き職員は、率直に言ってNHK本体に対するコンプレックスのようなものを持っている。これをぶち破らないと、活き活きと仕事ができない。

そこで私は、意識的にNHKの幹部連中にサービスセンターに来てもらった。坂本朝一会長、中塚昌胤副会長、武富明専務などはもともと昔の部下だったから、NHKに出掛けていって頼むようなこともあったし、この人たちに私の理事長室に来てもらったりした。

またこちらが本体の理事室に行った時は、担当の部課長を理事室に呼んでもらい、懸案の問題をめぐって意見の交換をし、財団が仕事をやりやすいよう有利に展開させた。

演技と言われればそれまでだが、こんなことが何度も積み重なると、日頃NHKに重圧感を感じていた職員の心に風穴が開き、対等の気持ちで話ができるようになったのではないかと思っている。

カセットテープビジネスの開発

サービスセンターが世間に先駆けて開発したのが音声によるカセットテープである。昭和三十年代はまだ業界の中で、録音テープを使ったソフトビジネスの発想はなかった。

これにはTDKの大歳寛社長のアイデアに負うところが多かった。

その頃TDKは、音声テープの売れ行きの伸び悩みに苦しんでいた。当時営業部長だった大歳さんは、技術部門に対し、消せないテープの開発を求めたが、時代逆行と一笑に付された。

大歳さんは発想を変え、NHKの語学講座や音楽をテープに入れて売り出せば、消したくないテープができる、つまり消せないテープとしての番組のソフト化を提案してきた。当時はNHKも、放送番組を商品化することについて確たる考えがなく、簡単にはOKのサインが出なかったが、やがてＮＨＫ側も腹を決め、昭和三十九（一九六四）年の東京オリンピックの録音集が爆発的に売れたことで、商品として定着した。

この頃、後に常務理事になる中野順平やまだ新人だった水谷満がいて、これらの商品化を担当した。大蔵さんの志を受けて、ＴＤＫの営業マン富田哲夫氏らの力によるところもあった。

私が理事長になってからは、これを映像にまで拡げ、ビデオ業界からも高い評価を得、収益性のあるビジネスとして財団の基盤を支えるものになり、生え抜き職員もようやく自分の力を発揮できる自信を持つことができた。

しかしソフトビジネスの将来性に気づいたＮＨＫは、この部門を財団から切り離して独立会社とし、売り上げを倍増させる、関連事業の再編成計画を示してきた。ＮＨＫの構想としては理解できるが、財団にとってはまさに黒船の来航だった。

私はすでに理事長を辞めていたから、細かいことは知らなかったが、後で聞いてみてよくその危機とも言うべき難関を乗り切ったものと思う。

つまり、財団のソフト部門は財団の売り上げの半分、収益の大半を占めていたから、ＮＨＫの計画通り実施すれば、財団は立ち行かなくなる可能性大だった。そこで財団としては、財団がＮＨＫの周知宣伝という使命を果たせるよう、ＮＨＫ案の修正を求めて交渉を重ねた。

最終的にソフト部門の財団からの分離独立に協力するが、公共性の強い、語学教育ソフトや制作業務、公共レンタルを財団に残す案で落着した。

今考えてみると、よくもここまでＮＨＫ側が譲歩したものと感心する。当時財団の理事長は菅信五、ＮＨＫ側との直接の交渉責任者は常務理事の佐々木欽三、総務部長は薦野宏常務理事だった。

財団としては嵐の中の数年だった。新会社ＮＨＫソフトウエアへの五〇人の職員の出向問題やソフト業界との関係もあり、問題山積みだったが大きな波風を立たせることなく収拾できたのは奇跡に近い。大きなトラブルなくまとめたことで、今では再編成にいたる詳しい事情を知っている人は少ないようだ。

この時独立した株式会社ＮＨＫソフトウエアは今、ＮＨＫエンタープライズの営業部門となり、当時サービスセンターから出向した多くの生え抜き職員は、川合滋を先頭に、現在無くてはならない幹部社員として頑張っている。

『文藝春秋』に書かれる

昭和五十七（一九八二）年、月刊『文藝春秋』に「ＮＨＫ陰のゴッドファーザー長澤泰治」という三〇ページに及ぶ特集が掲載された。反論したいことは山とあった。まったく根も葉もないことも書かれていたが、私は一切弁解しないことにした。反論すれば相手の思う壺、ますます煽り立てて、場合によってはさらに次号に関連記事が載ったりして、騒ぎが大きくなるばかりと思い、終始沈黙を守った。

一つだけ反論したことがあった。それは私がＮＨＫ関連一一団体の顧問や役員に名前を連ね、そこから莫大な報酬を得ていると書かれたことである。まさに事実に反することだった。もし私が一一団体から報酬をもらっていたら、大変な金持ちになっているはずだ。このことについては、広報室から正式に抗議し、訂正を求めた。

同じ文春の中に私の記事と並んで、「国鉄労使国賊論」と「暗闘、早稲田の森」の三部作が並んでいる。この三つの巨大組織の関係者の数だけでも相当なものだろう。書けば結果として部数が伸びる。そこにも狙いがあったのではないかとも思う。

しかし私の不徳のいたすところで、サービスセンターの職員にも不愉快な気持ちを与えたと思うと申し訳ないと思っている。

しかしその後掲載された東京新聞のコラムでは、私の一〇年に及ぶサービスセンター理事長時代を積極的に評価してくれていた。

……それまでＮＨＫの委託業務主体だったサービスセンターを大改革、ＮＨＫの番組を録音テープやソフトカセット化して、商売とＰＲの一挙両得を狙って成功させ、売り上げを六、七倍に伸ばすなど急成長を遂げさせた。長澤氏の退陣を惜しむ声も少なくない。

これは私だけのことよりも、サービスセンターにとっても救いの記事ではなかったかと思う。

サービスセンターの旧友たち

サービスセンター在任の約一〇年という歳月は、ＮＨＫ現役を含めて同じ仕事としてはもっとも長い在任だった。その頃職員だった皆さんも今はほとんどＯＢになられた。今もサービスセンターには名誉顧問として時々出かけたり、社友会などでも顔をあわせるが、ＮＨＫ本体以上に忘れ得ない懐かしい顔ぶれである。

亡くなられた人も多いが、お世話になった生え抜きの幹部諸君の名前を記しておく。

生え抜きで古いところでは、理事を務めた毛利房義、平林義人、後で常務になった堀光と坪井泰之はともに早くに亡くなっている。一人常務理事だった中野順平は地元杉並で、今なお野人振りを発揮して健在、荻窪近辺の人たちが集まる花見会には元気な顔を見せている。

当時キャラクター部長だった後藤純雄はスタジオパーク館長、株式会社エスシー社長などを経て、全国ふるさと大使会の会長を務めるなど、生え抜きには珍しい幅広い活動をしていたが、まだ古希を過ぎたばかりで鬼籍に入られた。

水谷満はソフト業務が財団から分離独立した際、ＮＨＫソフトウエアで常務になり、任期満了退任後、現在都内でソフト関連の会社を経営している。

今、生え抜きの先頭に立って活躍しているのは川合滋である、財団当時は営業の部長だった。川合滋はソフト業務と一緒に財団を離れ、ＮＨＫエンタープライズの常務で営業担当である。

サービスセンター理事を務めた小野近士は退任後、地元阿佐ヶ谷で実父である版画家小野忠重版画館の館長として、また地域の老人会など地域活動に精力的に取り組んでいる。

　後藤の後を受けてキャラクター部長になった中村正昭は、NHKソフトウエアに移った後は取締役を務めている。そのほか役員としては、監事の小林亮平、理事の田村泰彦、譲原煕夫、理事長時代お世話になった総務の宮内義賢、ソフトの湯上信一、そして大島延公、片山正行、久松國男、内堀安富、高木正雄。現役では理事の後藤隆二、菅野実、スタジオパークの副館長の増記隆、ソフト事業の磯村義之、竹中光、スタジオカフェの部長の池田和夫など元気にやっているようだ。

　またNHKOBから専務理事になった松本宗次は広島の放送局長を経て財団の専務になった人間で、万事度胸があった。やはり専務理事になった営業出身の松本和彦もいた。近年亡くなったが、総務部長を長くやってもらった村上次男は私の札幌局長時代経理課長をしてもらったご縁だった。一刻者だったが、信頼して任せていられる人だった。夫婦で三味線を習っていたことはあまり知られていない。

　芸能のプロデューサー出身で常務理事になった広江均は、奈良シルクロード博覧会を成功に導いた。最近は絵の修行に専念、舘野昌夫や岸田利彦と一緒に個展を開き、なかなかの評判だった。

　常務理事だった佐々木欽三は退職後、地元荻窪で文章教室を開き、熟年層の受講生で賑わっていると聞く。番組制作局で早くからゴミ問題に着目して、今やゴミ問題の専門家になった常務理事だった石沢清史は、環境問題の講師として活躍しているようだ。

　渉外担当だった元記者の理事の高石昌人、報道の野辺昇、人事畑でのベテラン、総務部長の伊与田敦夫、イベントを担当した後、古賀政男財団の理事になった中島隆、人事部や秘書室で活動後、総務の部長になった石倉偉男、放送博物館館長を務めた松本太郎は多彩な能力を生かし、今も地域の文化活動を続けている。そのほかお世話になった人は数限りない。

NHKプロモートサービスの設立

私はNHKの関連企業は数少なく、ある程度の大きな規模でこそ効率的な経営が行われると考えている。細分化した子会社では視聴者から見ても無駄を生みやすい印象になる。

具体的には出版協会とサービスセンターが中心となって、一つは株式会社、一つは財団法人として、大きくNHKの受け皿になっていく。またそれくらいでないと経営基盤も小さくならざるを得ない。NHKブランドを安売りすべきでない。

しかし時代は私の考えと逆に走り出していた。

つまり細分化して競争させる。そこで力をつける、また世の中の多様な変化に対応させる商品開発をさせることに重点を置く傾向があった。

そんなことで私が理事長時代、サービスセンターで育てた仕事を、心ならずもNHKと相談しながら独立した会社として設立したものが三つある。NHKプロモートサービスとNHKインターナショナル、そしてエスシーである。

プロモートサービスは、サービスセンターが持っているイベント事業のうち、細かい実施業務の一部と、ＮＨＫとかかわりのない収益性のあるイベント業務も行いうる会社である。名古屋の局長を最後に退職した高橋勤に社長になってもらった。高橋は戦後初の定期採用組、いわゆるスズムシ会の一人で、真面目で一途、そして物怖じしない性格は創業者には向いていた。

高橋の粘り強さは有名で、私なども高橋が来ると、五分だけならとはじめから釘を刺して会った。しかし自分の意見が通るまで帰らなかった。ＮＨＫマンには珍しい異色の人材である。

イベントの実務担当の責任者には、ＮＨＫの演芸番組出身の児玉康弘に行ってもらった。昭和五十二（一九七七）年十月である。

児玉康弘はＮＨＫを退職後、サービスセンターでイベントを担当した。ＮＨＫプロモートサービスを設立する時、新会社が安定するまで、サービスセンター職員の身分のままで取締役になってもらう予定だった。しかし児玉は、ここは潔く退職して社業に専念したいと言って、サービスセンターを退職して新会社の取締役になった。児玉は一〇年以上役員を務め、退任後はイベント関係の会社を創設して自ら社長になった。しかし三年ほど前、急逝した。

サービスセンターが持っていた海外関係の業務を分離独立したのが、ＮＨＫインターナショナルである。海外業務の中でも、海外の放送局などでの放送番組の買い付けで、アメリカの教育番組「セサミストリート」など、ＮＨＫの教育番組の一つとして定着したものもあった。

サービスセンターから数人が出向した。初代理事長が文化人でもある中道定雄（風迅洞）である。このほか、ＮＨＫで放送した番組を海外放送機関などに販売する業務があった。朝のテレビ小説「おしん」などは多くの国で放送されている。

株式会社エスシーは放送センターにおける丸コア食堂やＮＨＫホールでの軽食のサービスを行う会社として、昭和五十五（一九八〇）年、設立された。

初代社長はサービスセンター生え抜き社員だった毛利房義であるが、日常業務の中心となったのはＮＨＫＯＢの舘野昌夫である。舘野は朝のテレビ小説「旅路」や夜の連ドラ「バス通り裏」など、テレビ初期のＮＨＫのドラマの基礎を築いたプロデューサーだった。

蓮沼クリニックのこと

第九代会長の阿部真之助の時代に、ＮＨＫ病院を作る構想もあったが、資金面に加えて、多くの医者を確保する難しさなどもあって中断していた。

私は大賛成で実現できないのが残念だった。

その後、ＮＨＫ診療所の専門医である蓮沼一郎氏が退任したのを機に、元副会長で当時のＮＨＫ出版の社長だった藤根井和夫氏と私が中心となり、蓮沼クリニックを立ち上げる話にまとまった。昭和五十六（一九八一）年だったと思う。

蓮沼一郎氏は慶應大学医学部の出身で、長い間、役員待遇でＮＨＫの診療所長を担当してもらっていた。私が労務担当をしていた頃は、労働運動のもっとも盛んな時代であり、春闘になると長い間放送会館に泊りこみ、深夜早朝を問わず団体交渉が行われていた。

蓮沼氏は私の健康を心配して、春闘中は泊りがけで健康管理にあたり、必要な調剤や注射を試みるなど、体調に気を使ってくれた。改めて感謝をしたい。体調を悪くされていたと聞いていたが、昨年に亡くなられたのはまことに残念である。

蓮沼クリニックは場所を放送センターの外、第二共同ビルに置いたこともあって、ＯＢが活用してくれ、関連団体の社員の健康診断を一手に引き受けてもらった。今は東京都の医療法人財団となり、放友クリニックと名前を改め、利用者も多い。今の理事長兼院長は荒木洋、事務局長は橋本隆明である。

公共放送の周知宣伝機関として再認識を

ＮＨＫサービスセンターはＮＨＫの関連団体の中でも、日本放送出版協会と並んで、もっとも歴史のある団体である。昭和二十六（一九五一）年設立だから、半世紀を越えている。

設立した時はラジオサービスセンターと呼称した。初代理事長は矢部謙二郎である。現在の中山壮介は元ＮＨＫ理事出身で十四代である。

サービスセンターを大きく育てたのが、三代目の池田幸雄である。昭和三十二（一九五七）年十月から昭和三十八（一九六三）年二月まで務めた。池田はＮＨＫ時代は総務や人事担当の役員だった。

私は昭和四十八（一九七三）年九月から昭和五十八（一九八三）年三月まで、およそ一〇年近い在任だった。

私のすぐ後の中塚昌胤は専務理事、副会長を務め、次期会長候補と目された時もあった。サービスセンター理事長になって、約一年後、大阪財界から請われて、大阪二一世紀協会理事長に転じた。中塚は生粋の関西人で、父君は門真市の名物市長だった。快男児で元気一杯だったが早くに亡くなった。中塚の後は大阪の局長そして理事だった堀井良殷が二一世紀協会の理事長になっている。

中塚の後を受けて財団の理事長になったのは、NHKの専務理事だった武富明、その後を受けて理事長になった菅信五は、元は学校放送プロデューサーから管理部門に転じた管理業務のエキスパートだった。人事部長を経て理事になったが、清濁あわせのむ度量の大きさ、行動力はNHKの中では珍しい貴重な人材である。

菅に続く理事長は、関連事業室長だった伊藤康一郎、その後は営業総局の局長だった吉田稔が引き継ぐ。吉田はもと経済部記者、財界や日銀などを担当し、当時の財界幹部とも親交があったという。理事長を辞めてからは長い間、日本中央競馬会の審査委員として活躍、得がたい人物だった。今年になって急死した。まことに残念である。

吉田の次を継いだ専務理事、放送総局長だった河野尚行は報道出身である。その後の理事長の山田勝美はもと政治部記者からNHK理事を経ている。独特の嗅覚と政治力の持ち主だった。現在の中山壮介は報道番組出身で衛星放送局の部長やNHK理事を経て、財団の理事長になった。

この項の冒頭にも言ったように、サービスセンターはＮＨＫの周知宣伝という広報業務の実施部隊としての使命は明確だが、企業としては収益性のある主力商品がなく、経営的に見ると何とか黒字を保っている状態である。

長年かかって築き、大きな収益源だった映像ソフト業務をＮＨＫが財団から切り離し、公益法人としての純化を図った経緯を思えば、ここでソフトに代わる収益性のある業務を再度開発するよりは、財団の本来の使命を最重点に経営基盤を構築すべきと思う。

つまり、ＮＨＫは改めてサービスセンターが、ＮＨＫの広報業務実施部隊であることの意義を再認識し、その活動に必要な思い切った財政措置を行うべきであると考える。

放送法第九条に「放送の普及発達に必要な周知宣伝を行う」ことは大きな業務の柱として明示されたものであり、ＮＨＫ収入の一パーセントぐらいは充当してもいい業務ではないだろうか。広報誌『ステラ』についても、相当数はＮＨＫが買い上げるなどの抜本策を講ずるべきである。行政側に公益法人についての再分類の論議が始まっていると聞くにつけても、あくまでも王道を歩く論議を期待したい。新たに理事長になった中山氏のご健闘を祈念する次第である。

社会福祉法人恩賜財団済生会理事長

社会福祉法人恩賜財団済生会は明治四十四（一九一一）年二月、明治天皇が時の桂太郎首相を召され、「恵まれない人のために済生の道をひろめるように」との済生勅語に添えて、お手元金一五〇万円を下賜された。このご下賜をもとに桂首相が各界からの基金を募り、同年五月設立された。医療を受けられない貧しい人にも広くその機会を持たせたいとする明治天皇の温かい心が実を結んだ医療法人だった。

このような恩賜財団の性格から、総裁は宮家が就任されるのが慣例であり、私が理事長を拝命した時も、総裁は高松宮殿下であった。ちなみに現在は総裁が三笠宮寛仁親王殿下、会長が豊田章一郎氏、理事長が幸田正孝氏である。

現在その規模は、全国で病院だけでも八二、福祉施設などおよそ三七〇、八施設の看護学校などを持ち、役職員四万三千人を擁する大組織である。

私がどういう経緯で理事長になったのかは知らない。三年前にもそのような話があり、その時は当時の坂本朝一会長とも相談して、理事長はお断りし、非常勤の理事だけを引き受けることにした。

三年経って再燃した。おそらく従来は厚生省出身者が続いたので、この際民間に適当な人がいれば委嘱したいとのことだったのだろう。社会部長時代医療関係の仕事をしたこともあったから、まんざらご縁がないわけではなかった。

それにＮＨＫなら公共的で中立的な組織だし、そこで専務理事をしていた人であればということで白羽の矢が立ったものと思う。しかしいくらなんでもこの世界はまったくの門外漢であるから、重ねてお断りしたのだが、済生会本部の理事が数人、病院長会の代表の堀内光氏や大阪のやはり病院長会の代表、豊島正忠氏などが入れ替り立ち替り来られて是非と言うのでとうとう引き受けることになった。結果は私が一人で落下傘部隊のように乗り込んでいくことになった。

総裁・高松宮殿下の思い出

総裁である高松宮殿下には、公私にわたってお近づきをいただくことになるのだが、宮様からは、様々なことについて、例えば生きることについて、日本人について、人間の優しさについてなど、本当に深いところで教えられることが多かった。こぼれ話の一つを紹介する。

理事長になって間もない時である。殿下が「おい長澤君、宮家にとって一番大事なことは何だと思うか」と尋ねられた。考えてもみないことだったから、なんとなくもぞもぞしていたら、

「天皇と国民をつなぐ役割だよ」

と言われた。その後多くを言われなかっただけに、日頃お考えになっている深い思いが感じ取れるお言葉だった。

殿下は徹底した平和主義者だと知ったのもこの時である。あの戦争末期での早期和平の実現についても、予想をはるかに超えるほどの激しい、激烈なお考えの持ち主だと伺って恐縮したことがあった。

話は飛ぶがある時、済生会の会長をしていた経団連の稲山会長と私と三人でゴルフに出かけた

ことがあった。プレーをはじめる前に殿下は私に、稲山さんの腕前はどの程度だろうかと何度か聞かれた。

「私は総裁だから負けたらみっともないね。しかし稲山さんに勝てるだろうか」と笑いながらおっしゃるのである。

私はなんとなく気になりながら、殿下はいざコースに出ると勝敗など度外視して、ひたすらプレーに熱中され、稲山さんにもちゃんと礼を尽くしておられた。そのマナーの素晴らしいのには驚いた。プレー前のご発言など無かったかのように、勝負にこだわる感じはまったくなく、殿下の心の大きな温かみのあるお人柄にただ感じ入った次第で、まことに心の大きな持ち主だった。

殿下は大のカメラ好きで、ゴルフなどにも必ず持ってこられ、ご自分で皆の写真を撮られる。キャディの写真もよく撮られていた。次の機会には、そのキャディの写真を必ず持ってこられて直接本人に渡されるか、送ってあげられた。いただいたキャディは感激する。これがまったく自然で、いつも感心させられた。

仙台での東北病院長会議の時だったと思う。会議が終わって、殿下を料亭にご案内したことがあった。たまにはと思って、土地の芸者を何人か呼んでおいた。あいにく年配の女性だけだった。世話役が恐縮して、

「殿下、すみません。年増の芸者ばっかりで」と謝ると、

「いや私が来るからというので、ずうっと前から早く予約していたのでしょう。予約してから

だいぶ年月も経ってしまったから、歳を取られたんでしょう」殿下は冗談を言いながら席をなごませておられた。

隣に綺麗どころが座った時は、よく着物をお褒めになったりした。そんな時もいかにも着物の裾に手を触れそうに見せて、実際は触れられることはなかった。

「いや君、綺麗どころにとっては着物が大事、借り着が多いでしょう。万が一手が汚れていたら着物が台無しになるし、借り代も高くつくしお気の毒でしょう」

ジョークを飛ばして皆を笑わせたりする殿下だった。

この高松宮を妃殿下はよく支えられた。殿下が総裁として済生会の行事に来られる時はほとんど同道された。その心配りは並大抵ではなかった。またどこかでおいしいお菓子にめぐり会えば、大量に注文され、お帰りになってから、宮家の関係にお配りになったりされた。

両殿下はサイレンを鳴らして道路を突っ走ることもなかった。私の記憶では一回だけサイレンを鳴らしたことがあった。妃殿下が病気の殿下の代理として東北に行かれていた時である。帰りに高松宮を見舞いに行く予定だったが、会議が長引いて時間が無くなった。緊急自動車扱いで走ったのはこの時だけである。

私が理事長になった時、あまりにも車がボロなので新しいものに取り替えたらどうかと事務方に言ったことがあった。そうしたら、総裁の車を見てください、もうかなり古いのに買い替えるとおっしゃらない、総裁を出し抜いて買い替える訳にはいきません、と言われて恐縮したことがあった。

総裁を継承された喜久子妃殿下

高松宮が亡くなられて、葬儀の時、私も宮様のお棺を担いだのだが、葬儀が終わって間もなく宮内庁から妃殿下に、平民に戻られる気持ちはないかという話があったらしい。

「すぐ来て」時ならぬ妃殿下の声で参上した。

「長澤さん、どう思う」誰が宮をお守りするのだ、宮内庁はけしからんと言って怒られた。何しろ徳川総本家のご息女だけあって、そういう時の貫禄というか怖さというか、たじたじとさせるものがあった。

もちろんこの話は立ち消えになった。済生会は恩賜財団だったから、直宮といって天皇のご兄弟が就任されるのがそれまでの原則的な考えだった。となると三笠宮になるのが流れだった。しかし殿下が亡くなられて、次の総裁として、妃殿下を推す声が全国で湧き上がり、宮内庁もその声に耳を傾けるようになり、私はそれを受けて、妃殿下にお願いに参上したことがある。妃殿下は、志半ばにして亡くなられた殿下のご遺志を実現するためならと、快くお引き受けくださったことが忘れ得ない思い出になっている。

妃殿下が総裁を継承されて、もっとも熱心に関心を持たれたのは、亡き殿下が創設された高松宮記念基金の発展充実である。済生会もお金が無くて、恩賜財団設立の趣旨である、困っている人の医療にまで手が回らない。これでは恩賜の精神に背くことになる、と言って基金を作ることを命じられた。

そこで高松宮記念基金を作ったのであるが、妃殿下をはじめ、歴代済生会の役職員による努力の積み重ねの結果、今では数十億を越える基金になっているのではなかろうか。

ちなみに記念基金は賛同いただいた人なら個人でも法人でも歓迎で、個人会員で一口二〇〇〇円、法人会員は一〇口二万円でお願いしている。また五〇万円以上の多額の寄付を寄せられた方には、金額に応じて、功労賞の称号や感謝状を贈呈している。

総裁である妃殿下からは時々理事長である私に、高輪の宮邸まで来てくださいと連絡があった。急いで伺うと、庭に咲いている薔薇をご自分で摘んで、これを奥さんに差し上げるから、持って行ってくださいとおっしゃられる。

ある時などは、すぐ来てくださいとの連絡に、取るものも取りあえずに参上すると、大きなボタ餅が三つテーブルに置いてある。一つ食べておいしいと申し上げると、一つぐらい食べてそんなことを言う資格はありません、私が作ったボタ餅よ、二つは食べてください、とおっしゃられる。一つでも大きくてやっと食べたのに、大変困った記憶がある。それくらい妃殿下には可愛がられた。

喜久子妃殿下は徳川宗家の直系のお姫様だったから、上品で無私、おおらかで考え方も大きくかつ堂々としておられた。

私は理事長になってから二度大病をしたことがある。一つは胃ガンを手術した。一年も経たないうちに頭の中に動脈瘤ができて、四日間人事不省、生死の境をさまよった。そんな時も妃殿下は直接院長に、しっかり長澤を助けてくださいと電話することを忘れなかった。

私が理事長になって間もなく、NHKから斉藤力に理事として入ってもらった。斉藤は営業総局の副総局長を最後に退職したOBで、緻密で真面目そのものの性格で、私の足りないところをよく補佐してくれた。当時のことを斉藤はこんなふうに話している。いささか私のことを褒めすぎている嫌いがあるが、済生会病院での私の立場を理解してもらう材料として引用する。

長澤さんが理事長になられた時、病院長の会である院長会が三顧の礼で迎えたと聞いている。その理由を私なりに取材してみると、どうも済生会の中にあった派閥を解消したいという願いがあったようである。

理事長になってからの長澤さんは高松宮総裁殿下の信任が厚く、その意見には圧倒的な力があった。たまたま長澤さんのいない理事会で、私と他の理事の意見が違った時などは、他の理事がこっそり理事長の意見を聞きに行き、私の意見と理事長の意見が同じだと分かると、ただちに私の意見が採用されるという、そんな時が何度かあった。

したがって任期中に大病をされて回復された後、長澤さんは体力が十分でなく、思うように仕事ができないことを理由に退任の意思を示された時も、何とか思いとどまって欲しい旨を私が再三伝えたのだが、意思がかたく、二、三カ月「辞めないでください」「辞める」を繰り返し、とうとう辞めてしまわれた。

そんな思い出がある。それからこれは当たり前のことではあるが、休日、理事長車を私用に使うことは一切なかった。これは運転手の話である。

もう一人、NHKの担当部長だった堀賢次に広報室長として来てもらい、済生会史を作ってもらったが、今では貴重な記録である。本当にいい仕事をしてもらった。堀君は長く病床にあったが、今年になって亡くなられた。ほんとうに惜しい人を亡くした思いである。

終章　ＮＨＫに期待するもの

いろいろ取りざたされたが、第十九代のＮＨＫ会長はアサヒビールの相談役である福地茂雄氏に決まった。

私は福地氏とは面識もなく、予備知識も何もないので、彼自身のことを云々する素材をまったく持ち合わせていない。したがって、福地氏の人物論を書くつもりはまったくない。公共放送のトップとしてご健闘を期待するのみである。

しかしせっかくの機会でもあるから、ＮＨＫが抱える問題について、私なりの考えを述べておきたい。

ＮＨＫ会長に求めるもの

すでに述べたが、私が入局したのが初代の岩原会長の時だったから、やや大げさに言えば歴代の会長を見てきたことになる。ご縁の薄い会長もいたから、皆さんを熟知しているわけではない。しかし多くの会長に仕えてみて、公共放送のリーダーであることの難しさ、厳しさを身にしみて痛いほど感じてきた。その実感の上に立った体験を通じて、NHK論のようなものに触れてみたいと思っている。

NHK会長に求められるものはジャーナリズムの先頭に立つリーダーとしての見識であり、放送文化に対する深い理解と洞察力である。加えて企業人としての経営手腕である。

放送の実務について経験があれば申し分ないが、まったく縁のない人でも、今まで放送界が築いてきた八〇年にわたる無形の財産、蓄積のエッセンスを吸収しうる資質と努力があれば、かなりの部分をカバーできるのではないか。

NHKに対する今までの先入観を捨てて、多くの放送人と胸襟を開き自らの血肉になしうる人である。単なる知識の吸収ではない。その人の持っている今までの人生経験、全人格が培ってきた細胞のすべてを全開して、放送というものを理解しようとする謙虚な姿勢である。努力があれば、放送体験の有無を乗り越えられると思う。その意味で私は生え抜きは望ましいが、最優先の条件とは考えていない。

と言って、巷間よく言われるように、NHKの経営は外部の人なら情に流されずに大鉈を振れる、例えば、あの名前の知れた経済人なら、あるいはあの舌鋒鋭い新聞人ならと考えるのは、あまりに浅はかではあるまいか。NHKの弱点は、これという生え抜き候補を用意していないことだ。生え抜きが望ましいと言いながら、ただちに推薦できる人物を持ち合わせていないことである。そういう意味で今までの執行部はもっとも大事なことを怠っていたことになる。

公共放送の経営は本当に難しいものだと思っている。難しい理由は放送事業の複雑さに加えて、公共放送としての特別な使命、性格から来るものと思う。もちろん他の企業においても、それぞれご苦労があることは承知しているが、この際、ＮＨＫの場合の特異性を次にあげてみよう。

ＮＨＫの特異性

ＮＨＫの場合、テレビ、ラジオ、衛星放送、国際放送など合わせると、一日ざっと五〇〇本近い番組を作っている。放送番組の特質は大量生産がきかないことである。一本一本がそれぞれ異なる性格を持つ作品を毎日大量に、しかも一定の品質を確保する必要がある。いきおい制作者個人個人の力と責任に頼らざるを得なくなる。したがって優れた信頼できる人材を育成することが他の企業以上に重要になってくる。放送事業は一にも二にも人材の確保であり、そのためならどんな努力も惜しんではならない。

放送番組は、最新の情報や知識を素材にした商品とも言える。出演者の力量が番組の成否を左右する。生きのよい素材、確かな情報が番組の生命である。したがって制作者も管理者も、その分野での一級の知識、最新情報を常に手にしうる状況を自ら作ることが必要になる。もちろん放送事業にもきびしいコスト感覚や経費の節約が必要であるが、他の事業から見ればまったく無駄と思えるような投資が時に必要になる。経営トップにはそのことの分別ができなくてはならない。NHKの場合は、このほか中立性の確保、事業計画の国会承認、受信者の意向吸収という、他に例を見ない要素が加わる。

公共放送にとって、不偏不党、中立性は当然のことであるが、実行段階では容易なことではない。なぜなら、具体的な問題について何が中立なのかの基準があるわけではない。NHKの責任で、判断し、答を書くしかない。したがって百点満点は無く常にリスクを背負っているとも言える。

受信料によって支えられているNHKは、株主総会に代わる機能として、予算事業計画の国会での承認が義務付けられている。この理念はきわめて明快である。

しかし国会での承認事項になることは、予算と事業計画を政治の手に委ねることでもあり、その意味ではもっとも政治の影響を受けやすい場所に置かれ、一方で政治からの中立、不介入を強く求められているとも言える。このような難しい命題を背負っているのがNHKの経営であることを肝に銘じるべきである。

NHKは絶えず、視聴者の理解を得るための努力が求められている。事業計画が国会で承認されていても、視聴者の理解を得る努力なしには受信料制度は支えきれない。不払い問題を考えてみよう。

かつて不払いはNHKを支持しない人たちの意思表示でもあった。しかし今はNHK支持者の中にも不払いがいる。この人たちはＮＨＫを支持している、あるいはＮＨＫの番組しか見ない人もいる。不払いの理由を聞くと、隣家に不払いがいるが罪にならない。払わなくても済むものならば払わないと言う。この人たちには、どんなに優れた番組を放送しても、不払い解消にはつながらない。それなのに不払い解消の責任はＮＨＫが持つしかない。

二五年ほど前である。受信料支払いを義務とする法案が国会に出され、マスコミや革新陣営の反対で流れたことがある。反対の理由は、

「ＮＨＫは国民の自由な意思で支持されるべきであり、つまり不払いの自由がある中で、法律によることなく、ＮＨＫの企業努力で国民皆がＮＨＫを支持しようという気持ちにさせるのが望ましい団体である」

公共放送論としてはまことに綺麗な論である。しかし法律としては不備であろう。

不払いの自由を法律が認める限り、ＮＨＫを支持してなお不払いを続ける人たちを説得することは不可能である。不払いを許容している法律は、法としてやはり不備というべきであろう。

ＮＨＫは今このことを天下に向かって堂々と訴えるべきではないのか。企業努力はもちろん続けながら、法としての不備であることを主張すべきである。ＮＨＫに向けられるこの多様な厳しさをよく認識すべきである。

このように公共放送の経営は、その手本をどこにも求めることのできない特殊な企業体である。公共放送のトップにふさわしい人材とはいかなる人物をイメージすればいいのかを考えてみた。

株式会社のトップのイメージでないことはもちろん、評論家でも、高級官僚でも大学教授でもないだろう。もちろん内部出身なら、資格があるということではない。私は長年の経験を通して、次の点を重視すべきと思う。

まず、公共放送の何たるかを十分認識し、放送文化に深い理解があること。その上で事業運営の手腕があること。また国民や国会に対して堂々と自らの考えを披瀝する見識と表現力を持ち、文化的事業のリーダーにふさわしい胸に響く言葉を持っていること。そして何よりも国民から信頼される人格の持ち主であることを資格条件に挙げたい。

経営委員長人事に透明性を

以上のような考えは執行部の長である会長だけでなく、NHK経営委員長についても当てはまることである。

経営委員会はNHKの最高意思決定機関であることが放送法に明記されているが、今まで必ずしも内実を伴っていないという批判があり、最近は名実ともに最高意思決定機関たるべく、権限強化の方向に向かっている。

そうであるならば、委員長は従来以上に公共放送の最高責任者にふさわしい人選がなされるべきである。経営委員の人事は国会承認事項であるが、国会において真剣に論議されたことを聞かない。

経営委員長は経営委員の互選で決めることになっているが、実質的には総理大臣の人事案件とされている。経営委員会が視聴者の代表であるならば、いかなる視点に立って人選が行われているのか、視聴者の前に開示すべきである。

もう一つは、経営委員会と執行部との両者の役割を十分理解されていないように思われる点である。重要事項は経営委員会で決め、執行部はその方針どおり実行するだけと思っているとすれば間違いである。

企業は通常、重要事項も日常のことも一つの執行機関で決めている。ＮＨＫの場合も基本精神は同じではないのか。違うところといえば、受信料をいただいていることから、視聴者の代表として、経営委員会を設置し、視聴者の望むサービスが十分行われているかどうかを監視する役割を委員会に与えているというこの一点である。基本方針はすべて経営委員会が決め、執行部は実行するだけという理解では不十分であろう。

基本方針については執行部も責任を持っていると考える。執行部は日常業務に精通している立場から長期展望を検討し、経営委員会はあえて業務から離れた視聴者の立場に立って考える。両者をつき合わせて公共放送にふさわしい業務運営を目指すところに、経営委員会設置の意義があるはずである。

片方が長期計画を作り、片方が承認するしないの役割だけなら、経営委員会設置の精神と異なるのではないのか。経営委員会と執行部との間の意思疎通の方法や討議の形を工夫し、視聴者サービスという視点に立った計画の立案と審議を期待したい。
経営委員という視聴者の代表が、政府サイドだけで選ばれる今の放送法は、いずれ見直しが必要であろう。そういう議論が出ても不思議ではないと思う。

歴代経営委員長一覧

初代	矢野一郎	昭和二十五年六月〜三十一年六月	（第一生命保険社長）
	阿部真之助	昭和三十一年六月〜三十五年十月	（毎日新聞）
	千葉雄次郎	昭和三十六年三月〜四十年十二月	（東大教授）
	靭勉	昭和四十年十二月〜四十二年六月	（郵政省）
	松坂佐一	昭和四十二年七月〜四十二年十一月	（民法学者）
	平塚泰蔵	昭和四十二年十二月〜四十四年四月	（実業家）
	伊藤佐十郎	昭和四十四年四月〜四十九年七月	（農林水産団体代表）
	工藤信一良	昭和四十九年九月〜五十三年十月	（毎日新聞）
	伊藤義郎	昭和五十三年十月〜五十五年四月	（伊藤組社長）
	原俊之	昭和五十五年五月〜五十六年十一月	（九州大学教授）
	吉武信	昭和五十六年十一月〜五十九年十二月	（朝日新聞）

竹田弘太郎　昭和五十九年十二月～六十一年十月　（名鉄会長）
磯田一郎　昭和六十一年十一月～平成元年四月　（住友銀行頭取）
天野歓三　平成元年四月～二年十二月　（朝日新聞）
竹見淳一　平成二年十二月～四年十二月　（日本ガイシ社長）
小林庄一郎　平成四年十二月～十年六月　（関西電力会長）
須田寛　平成十年六月～十六年十二月　（ＪＲ東海会長）
石原邦夫　平成十六年十二月～十九年四月　（東京海上日動火災社長）
古森重隆　平成十九年六月～　（富士フイルムＨＤ社長）

公共放送の課題

ＮＨＫの必要性を認めた上で、ＮＨＫは大きすぎるから公共放送としての業務範囲を決めるべきである、土俵を限定したものについて受信料でまかなうべきという論がある。

この考え自体は正論である。問題は範囲を限定する時の考え方である。

マスコミの報道によれば、公共放送ＮＨＫをニュース報道と教育に限定し、芸能やスポーツはＮＨＫから切り離して、民放あるいは別の放送機関にやらせるべきとの議論があると聞く。

これが本当だとすれば、公共放送論としては理念不在の考えではないかと思う。おそらく受信料が安ければ安いほどいい、とする単純な発想から来ているのかもしれない。

今までNHKは、教育、芸能、報道の各分野の調和ある編成が望ましいとされ、放送番組の理想的な多様性が受信料によって維持される、すなわち国民生活に必要な情報やミニマムの娯楽はNHKの放送を見ていれば、十分享受できる、それこそが受信料制度の精神だとされた。

もちろん公共放送が限りなく規模が拡大されて良いわけはなく、おのずから節度が必要なことは言うまでもないが、現在の規模、放送時間、波の数がもっともふさわしいものかどうか、NHK自らその理想形を模索すべきではないのか。

国際放送の強化については、賛成どころか、もっともっと積極策に転ずるべきである。

現在でもNHKの国際放送に、国の委託命令による放送が含まれており、一部が国の予算によって賄われていることは意外に知られていない。

今の日本が置かれている国際的な理解度を考えると、国際放送に国家予算を思い切って投入して、国策として日本のよさ、日本の魅力を全世界に知らせるべきである。

私はかねてから、国家事業として、世界五〇カ国に日本語学校を作り、日本語と同時に日本の魅力を広めてやるべきと思っている。こうした事業と国際放送を連動させるべきとの自説を持っている。

国がこの事業に本腰を入れる際、国際放送に実績のあるNHKの力を活用するのがもっとも早道である。NHKとしても独自の強化策を策定し、世論に先立って、天下に問う好機と考えるものである。

ＮＨＫは視聴者が負担する受信料によって成り立っている企業である。したがって日常の経営については執行部に任されているが、重要事項の変更については、視聴者の意向を十分吸収した事業運営を志向すべきである。国会はＮＨＫの提出した予算事業計画を承認するかしないかであり、国会審議で出た意見は、付帯決議として運用面で生かす余地はあっても、事業計画を修正することはまずない。したがってＮＨＫは、事業計画の国会通過をもって、視聴者の意向を十分反映したと考えるのは早計である。前段の公共放送の範囲などについても、国民の声を組織的に聞く何らかの手立てを早急に考えるべきである。

今なお、ＮＨＫならではの優れた番組も多いが、品位に欠ける演出過剰の番組もあるのではないか。安易なワイドショー化、過剰な番組ＰＲ等々については、ＮＨＫ支持者である阿川弘之氏も月刊『文藝春秋』（平成十九年八月号）で慨嘆している。阿川氏は「静かに放映すべき番組も賑々しく拵えなくては高い視聴率が得られないと、プロデューサーなり局の上層部に固定観念があって、若手の出演者はそれに支配されているのではないか」と嘆いている。

放送現場の一部には、救い難いしらけムードや無力感もあると聞く。真実を知る機会は無いが、視聴者に媚びることのない、質の高い品格のある番組を放送し、視聴者に心の安らぎと希望をもたらす真の公共放送の実現を強く望むものである。

信頼こそ最大の課題

ＮＨＫにとってもっとも大きな問題は、以前に比べてＮＨＫに対する信頼が薄れていることである。

かつては、ＮＨＫの放送はもちろん、ＮＨＫの存在そのものに信頼性があった。今では昔日の面影もないと言ったら、言い過ぎだろうか。個々の番組は職員の努力でなかなか健闘しているが、ＮＨＫ全体の信頼回復にすぐには結びつかない。なぜこのようになったのか。昨今の不祥事だけが信頼喪失の原因ではないように思う。古くからある老舗の多くが、長い年月の中で、ブランドに対する飽きやライバル会社の影響もあって、相対的に低落傾向にあるのが普通であり、並の努力では、現状を維持するのさえ難しいとされる。ＮＨＫの場合も同じだと思う。やはり長い歴史と伝統のしがらみもあって、新しい世の中の変化に対して、思い切った適応戦略を描ききれなかったのではないだろうか。

ここ二〇年の間に生じた新しい事態とは何かを考えてみればいい。衛星放送の開始による外部制作の急増、ＮＨＫ関連事業の急速な進展によるＮＨＫブランドの相対的価値の低下、放送と通信の融合時代の到来がもたらす放送の範囲の曖昧さ、「紅白」に代表される長寿番組の魅力減退等々。こうした時代に変化をもたらす課題に対して、どうも後追いのように思われる。

ＮＨＫへの信頼が磐石であれば、一部の不祥事の発生に対しても、ＮＨＫを応援しようという、強い世論の支持があり得たのではないのか。一部の人間による不祥事がこれほどまでの信頼低下をもたらすとは、もともと信頼が揺らぎはじめていた証左ではなかったのか。信頼回復は容易なことではない。よほど腹を据えて考える必要があると思う。NHKが長い間かけて蓄積した知的財産は大きい。それは保存されている放送番組や莫大な資料だけに蓄積してあるのではない。現役、OBを含めて、彼らが持っている文化形成力とも言うべき知的財産の中に受信料が生きていると考えるべきである。

したがってNHKはこの際、現役・OBが持つオールNHKの力を結集して、社会に還元、貢献することを考え、そのための具体策を計画化すべきである。といってすべてのOBがそのような力を持っているとは思わない。むしろ少数であろう。

しかし少数のOBの中には、明らかに現役の持っていない力がある。

それは一言で言えば社会性である。NHKを離れて世間の風に当たることではじめて知りうる、世の中と人間に対する見方であり経験である。

今、NHKの信頼回復のために、この人たちの力を結集する時ではないか。

NHKのOBの会として旧友会がある。今の会長は専務理事だった斉藤暁、副会長がNHK副会長だった菅野洋史である。旧友会がそのままパワーになることは難しいと思うが、構成員が持つ潜在的なパワーについて、その活用策を考えるべきではないだろうか。

いささか思いつきのような意見になった。当事者から見れば、現実を知らない抽象論だと思われるかもしれない。しかしどこかで我が意を得たりと思う人もいることと思う。参考になれば幸いである。

新会長に望む

新会長は就任の記者会見で、ＮＨＫは今、崖っぷちに立たされており、信頼回復を最優先とすると話している。今までの会長も同じようなことを言ってきた。しかし具体的な成果が上がらず、志半ばで辞任に追いやられた。したがって新会長として何を成し得るかが勝負である。会長は再発防止に向けて第三者機関を設置すると言っている。そのことの必要性は否定はしないが、それだけで放送現場の再生がなされるとは思えない。

報道機関としての基本的な倫理観の問題であり、現場で働く一人一人の職員の心の問題があるからである。会長が真にＮＨＫの改革に乗り出そうと考えるのなら、職員と心を通わせる努力が必要である。

前述したように、ＮＨＫは大小五百に近い番組を毎日作っている。これらの番組の制作に立ち入って監視できるものではない。一人一人の担当者の質、志による自立を期待するしかない。したがって経営の第一の任務は信頼できる人材の育成と配置、そしてその人たちとの心の交流である。第三者機関の力でこのことができるとは思えない。

そのために会長は何をなすべきか。

会長がやるべきことは、回り道のようだが、まず放送を知ることに全力を上げるべきである。

具体的な一つのイメージを述べる。朝起きたら、まず新聞の番組表にじっくり目を通すことである。番組に対して自分なりの問題意識を持つこと、その上でできる限り実際に番組を見ることである。疑問があればスタッフを呼ぶ。あるいは現場に出かけ意見を交換する。これを毎日積み重ねることで、放送について自分なりの考えの基本が確立される。これはほんの序の口である。

視聴者懇談会などで話をするような場合は、会長は自ら推薦する番組を紹介し、自分の言葉で語ってみせることが必要である。

放送を知ることと平行して、職員が何を考えているかを知ること。また逆に一万人の職員に対して自らを知ってもらう行動を起こすべきである。会長が今まで歩いてきた分野で、もっとも情熱を傾けたことは何か、仕事でも趣味でも、もっとも得意としたことは何かを職員に語り、自分というものを知ってもらうことである。

番組を知り、職員を知り、放送の歴史を知ることで、公共放送の何たるかを個々人の仕事を通じて、あるいは生きた集団の息遣いとして理解する。そこではじめて会長の話す言葉が少しずつ職員に通じるようになる。

新聞雑誌などによれば、政府筋のある有力者は、ＮＨＫ職員は改革を拒んでいるから、その文化風土を根本から壊すことだと語っているそうである。もしもこのような短絡した使命感で乗り込んで来ているとすれば、何事も成就は難しい。繰り返して言えば、放送を知る、職員を知る、自分を知ってもらう。そのための行動を速やかに起こすことである。ＮＨＫの職員が改革を望んでいないなどということは、まったくのデマである。一日も早く本来の公共放送に戻ることを望んでいる。ただその手法が、角を矯めて牛を殺すようなことであるなら、会長としては失格であろう。トップは正確な認識とアドバイスをしてくれる人材を周りに配置すべきである。目的が同じでも、パフォーマンスになったら効果はない。過去の先入観で物事を判断しないことである。

新会長は自分の人生の最後の仕事だとも話している。その通りだと思う。放送を知らないと言っても、何がしかの関心を持って引き受けられたものと思う。ならばこの縁を天職と考え、骨を埋める覚悟で信頼回復のための具体的な行動を起こしてもらいたい。速やかに行動に移すことを進言する。

〈附〉　ＮＨＫを離れて

一　武蔵野の大自然の中で

茶畑と善福寺川

私が生まれたのは、大正四（一九一五）年十二月十五日、今は杉並区上荻二丁目であるが、当時は豊多摩郡井荻村大字上荻二八三番地で、武蔵野の大自然のど真ん中である。

このあたり一帯は荻窪の名前が付いたように、窪地が多くあり、荻がたくさん繁茂していた。大部分が農家で、それほど豊かな農村とは言えなかったが、自然な人情味に溢れていた。

それは、ずっと昔から、地元の仲間同志がスクラムを組んで、ともに仕事を分け持って来たことから生まれていたように思われた。住民は隣同士の交流や助け合い無しには生きていけないからだ。特に田植えのような農作業は、地区をあげての共同作業で成り立っていた。そんな農作業の必要が助け合う人情を作り出したのかも知れない。

今のような意識して作った隣組ではなかった。自然な交流が生んだ長い間の協力関係で十分だった。

その頃、私の家の前は広い田圃だった。歩いて一分ほど隣に東京でも指折りの蕎麦屋「本むら庵」がある。私が小学校の一年生の時に開店した店だったから、創業八〇年を越えている。中央線のガードにかけては湿地帯だった。後ろの高台は茶畑や桑畑が広がり、家の周りには、お茶摘みの大勢の女性がいつも集まって唄を歌ったりして賑やかだった。

私の家の敷地にはお茶を製造する小屋があり、お茶の製造業もやっていた。お茶は狭山や立川から摘んできたが、この周辺も茶畑が多かった。摘んだお茶を揉みあげて製品にする「ほいろば」小屋と呼ばれる工場で、火を起こしてお茶の葉を手で揉む仕事で、私の家の敷地にあったのは、この「ほいろば」小屋だった。

朝暗いうちからお茶を積んだ牛や馬の車が、次々に青梅街道を新宿方面を目指して出かけていく。四谷や日本橋の問屋に運ぶもので、私自身何度かこの牛車に乗せてもらった記憶がある。都電もない時代ではなかったかと思う。青梅街道はその日の朝に採れた農産物や木炭などを運ぶ車で一杯だった。朝まだ暗い中を掛け声よろしく鳴子坂まで来る。鳴子坂は荷車を引くのにはきつい坂で、茶屋で一服してからまたひと稼ぎする人が多かった。

このあたりの習慣として、一番茶は摘んだ茶を揉む時の人間の汗が付くというので、最初は急須に入れたお湯を一度捨て、二度目からお客さんに出したものであるが、今考えてみると、一つの礼儀のしぐさだったのではないかと思う。

私の家からは善福寺川が見えた。水源である善福寺池から三・五キロ下流のところに家があった。その頃の善福寺川は水が綺麗で、いつも魚が泳いでいた。特に中央線が通るガード下あたりは、ハヤが暴れまわっていて、モリで突くと面白いように獲れた。

善福寺川から水田に水を引くための細い水路がいくつも切ってあった。その水路に竹筒を据え付けると、ナマズが簡単に取れた。取った魚を家に持ち帰ると、母が相好を崩して喜んでくれる。それが嬉しくて毎日のようにモリや竹筒を手に川に出かけた。

水泳は子供の頃からガード下の善福寺川で泳いでいたから、大好きなスポーツだった。

竹刀先生の思い出

小学校時代はかなり乱暴で手に負えない少年だったらしい。廊下は走る、教室のガラスは割る。大声で喋る。いくら先生が注意しても直らない。業を煮やした宇都輝顕先生という担任が、ある日竹刀を持って教室に現れた。

長澤君の乱暴が直らないのは先生の指導の仕方が悪いからだ。長澤君、先生を叩きなさいと、私を怖い顔で睨み、皆がいるところで、竹刀で先生の体を何度も叩かせた。もっと力を入れてと、私が遠慮がちに殴っているのが分かるとみえて、何度もやり直しをさせられた。

しまいには私も手加減をせずに、宇都先生を叩いた。それは凄かった。

とうとう私のほうが根負けして、それ以来、廊下を走り乱暴をする事は無くなった。

母は中学への進学を心配して、近所に住む内田倫任という先生を家庭教師に付けてくれた。そのお蔭で府立二中に入ることができた。

しかしその府立二中の四年の時、ストライキを起こし、そのリーダーの一人だということで退学させられた。ストライキの理由は、運動会で先生の弁当だけが上等でおいしいものを食べている、招かれた父兄には弁当も出さないのはけしからんという、他愛のないものだった。

府立二中は立川にあった。よく隣の国立駅の近くの喫茶店にたむろしていた。ストライキの打ち合わせもその喫茶店を使っていた。スト宣言を書いた紙に、三番目に署名捺印することになり、家から内緒で持ち出したハンコを押しているところを警官に踏み込まれて御用になった。なぜ警察がその喫茶店が分かったのか、今も不思議に思っている。

ストライキに関係した生徒の父兄が学校に集められた。その中に父もいた。呼び出された父は、息子の退学のことを聞かされると猛烈に怒った。まず先生に対して怒った。学校とは生徒の悪いところを指導するところではないのか。生徒を辞めさせて済むなら何の教育だとねじ込んだが、すでに職員会議で決定したものだからと聞いてもらえなかった。

父は二五貫のつわものだった。近くの光明院というお寺で開かれる石担ぎコンクールでもいつも優勝していたから、ねじ込んで行く姿を見ただけで堂々たる貫禄があり、後でお前はいい父親を持ったと、皆に言われて気をよくしたが、家に帰ってから父にトコトン叩きのめされた。

数日後、親族会議が開かれて、勘当される騒ぎになってしまった。母は泣いて父に懇願し、勘当だけは免れたが、結局、父からは勘当扱いを受けることになった。

私はそんな親族会議が開かれているとは露知らず、その日も玉突きに出かけ、喫茶店で遊びほうけていた。遅くなって家に帰ると母が気を使って雨戸を小さく開けておいてくれていた。そっと寝床の中に足を入れると、足に当たるものがある。バナナと饅頭が入っていた。母が父に隠れて入れてくれたものだった。

水泳もかなり自信があった。毎日三〇〇〇から五〇〇〇メートルを泳いでいたから、府立二中時代から水泳の助手を命じられ、下級生の指導にあたった。

退学になった私は仕方なく、私立目白商業学校に編入学した。目白商業に入ってからも、明治神宮プールの一五〇〇メートル競争の出場権を争ったこともあった。また、野球部に入りかなり頭角を現した。五番のホームランバッターとして名を馳せた。担任の中村正文先生が、途中で編入してきた私に特に配慮してくれたお蔭でもあった。

曽祖父、秀吉爺さんのこと

大正十四（一九二五）年、曽祖父である秀吉爺さんが死んだ。八十四歳である。私はこの曽祖父に特別に可愛がられた。

当時、家族は皆集まって一緒に食事をした。朝飯の時は、曽祖父と私だけは白米と生卵付きで、同じ兄弟でも姉たちは食べられなかった。泰治は将来に備えて心豊かにする必要があるというのが曽祖父の言い分だった。

大正十二（一九二三）年の大震災の時は、屋敷の下の竹やぶにゴザを敷いて家族一同が避難した。しかし曽祖父だけは避難しなかった。

「お前たちは育った家は大事でないのか、自分だけ助かれば家はどうなってもいいのか」

曽祖父は父を呼んで釘抜きを持って来させ、お前たちが逃げるなら、俺は家にいて頑張る、万が一、家が潰れたら、釘抜きさえあれば、自力で壊して出て来ると言って、一人で家の中で頑張った。明治育ちの頑固ものだった。

村の鎮守の秋祭りにもよく連れて行ってもらった。碁を教えてもらったのもまた曽祖父からである。秀吉爺さんは私が勝つと五銭くれた。もちろんわざと負けてくれるのだった。爺さんは、私にもともとお金は働いて得るものだと話し、勝たなければくれなかった。しかし大抵負けてくれていた。

当時お祭りになると、仲間は母親から一〇銭もらって行くのが普通だった。私も母親から一〇銭もらっていたが、その一〇銭のほかに五銭である。この五銭は皆に配る共通の物を買うのだと教わった。上に立つものはこのような気配りができなくてはと曽祖父に教えられた。

曽祖父は死期が近づくと、今日から何も食べないと宣言した。ただ生きているだけなのは嫌だ。下の世話にはなりたくない。後一週間で死ぬかもしれない、と言って一切受け付けなかった。その曽祖父は予想通り、一週間後に死んだ。

曽祖父は明治の教育を受けた義理と人情と浪花節の人で、また珍しく文化人でもあった。私もずいぶん、そういった部分を受け継いでいるように思う。

上荻の昔、そして伝説

このあたり一帯は、源頼朝や江戸城を築いた太田道灌に由来する話が多い。上荻の八幡神社には太田道灌が戦勝を祈願して献納したという槙の木が今もある。

大軍が動く、戦いながら生活するのが戦場だ。それにはまず水の確保が必要である。源頼朝の武将たちが水を求めて歩き回り、遅野井《おそのい》の湧き水を掘り当てた。それが善福寺川の水源になったと言われている。

上荻には、字本村、字関根、字中田があり、私自身、本村《ほんむら》の泰ちゃんと呼ばれていた。お茶を作っている「ほいろば」と呼ばれる小屋の入り口や玄関に、本村と書いた番傘がたくさん立てかけてあった記憶がある。

古老から聞いた話で、蛇や狐の話がある。

西荻三丁目に「城山」という小さな松林が当時あった。ある時、小学校の訓導が昼時、この城山に生徒を遠足に連れて行って、その松林にある大きな丸太に腰掛けて弁当を食べはじめると、誰かが丸太を動かしている。

おいおい、食事中だから、丸太を動かさないでくれと訓導が言うが、誰も動かしている形跡がない。そのうちまた丸太が動き出した。今度は明らかに一人で動いている。昔白蛇が住んでいて、その蛇が丸太に化けていた。そんな伝説である。

もう一つ、あるお年寄りが草刈りをしている時、誤ってその蛇を切ってしまった。蛇からは血がたくさん流れ、その老人が家に帰り、敷居をまたいだ途端ばったり倒れ、そのまま動かなくなったとか。

これは狐の話だが、明治二十四（一八九一）年、荻窪に甲武鉄道（今の中央線）の駅ができた。父から実際聞いた話であるが、ある日荻窪駅で降りるとどしゃぶりである。すると一人の別嬪さんが寄ってきて、よかったら私の傘に入らないかという。聞けば家が同じ方向なので、玄関先まで傘に入って送ってもらい助かった。少し休んでいかないかと言って後ろを振り向くと、別嬪さんは消えている。狐にだまされたのだと父は話していた。

当時、どこにも糞尿をためておく肥溜があった。その肥溜を風呂場だと思って入った爺さんが、いい湯だったねと語る、狐に化かされた話はここにもあった。

狐や蛇の話ではないが、私の菩提寺の光明院というお寺が環状八号線沿いにある。昔一人の修行僧が観音様を担いでここまでたどり着くと、急に観音様が重くなって動けなくなったので、そこにお寺を作ったそうだ。これが今の光明院の由来である。

「荻窪の穴稲荷、乞食が寝たとよ」こんな唄もあった。節が付いていてちょっともの悲しい俗謡である。私もよく口ずさんだものだ。

二　両親の思い出など

母の最期に駆けつける

昭和十四（一九三九）年秋、私が従軍していた北満の孫呉に「ハハキトク」の電報が来た。ちょうど初年兵教育を命じられていた時だった。中隊長は、お気の毒だが帰ってもらうわけにはいかないという考えだった。北満は戦場だったから、当然だろうと歯を食いしばって母のことを思って諦めていた。

そのうち大隊長の朝生少佐の耳に入り、帰って来いという命令がでた。辞退すべきかどうか迷ったが、この際は温情に応えるべきと考え、家に帰った。戦場から「ハハキトク」で国に帰るのは例のないことだった。

母は危篤だったが、生きていた。私を見ると、何しに来た、と言った。私がまた何かしでかしたのかと思ったのだろう。

私は、大隊長の休暇命令だ、休暇を与えられて母の顔を見たくて会いに来たと言って、やっと分かってもらえた。母は姉たちを呼んで、泰治が帰ってきたから、風呂を湧かせと言う。風呂から上がったら、あの着物を出して着せなさい、この帯を出しなさいとこと細かく指示する。

それから何を食べさせなさい、あれを作って食べさせなさいと、何かと指示をした。とにかく息をするのがやっとなのに、声を出したり話をするのが苦しくて、はあはあしている。苦しさを紛らすために、氷を買ってこさせてブッカキ氷を齧る、そのわずかな瞬間、苦しみが和らぐ。命の限り話を続ける母を見ているのは本当に辛かった。

遅くなってまた母の部屋を覗くと、「お前一人か」と言う。そうだと言うと、八幡神社でお百度踏んできてくれと言う。

私は軍服に着替え、夜中の十二時頃八幡神社に行って、軍刀を下げたままお百度を踏んだ。荻窪の八幡神社の横を青梅街道が走っている。明け方にかけて、野菜やお茶を運ぶ荷車や馬車の音がことさらに鮮やかに聞こえてくる中を、私は懸命になってお百度を踏み続けた。

帰ってくると母は、お前のお百度で、だいぶ楽になったと言う。

母は私を溺愛した。母の愛はあまりにも深く、こう言っては母に悪いが、不出来の子供も、母の溺愛が一つの要素だったかもしれないと今でも思う時がある。母よ許せ、そんな気持ちである。

除隊するまで生きていて、親孝行してやれたらと思った。しかし母はその翌日ガンで死んだ。昭和十四（一九三九）年十一月四日、五十四歳の若さだった。

葬儀が終わって、私は母の死に耐え、その面影を胸に抱いて北満に戻った。長い辛い汽車の旅だった。

前線である孫呉に帰ると、部隊は討伐に出かけたところだった。取り残されては大変、今のうちならまだ間に合う。私は部隊を追いかけて走った。その間も片時も母の面影を忘れなかった。

満州にいる間に、幹部候補生として任官し、少尉としてはもっとも名誉とされる連隊旗手を命じられ、連隊長の陸大軍刀組の木村大佐（後の北部軍参謀長木村中将）と一緒の部屋に寝泊りした。

連隊旗手は士官学校を出た少尉が旗手を務めるのが習わしだった。たまたま皆が中尉に昇進したので、臨時に幹部候補生出身の少尉である私に回ってきたものだった。

連隊長と一緒に寝泊りしていると、いろいろな話が聞ける。そのうち、連隊長が碁を知らないと言うので、碁を教えてやった。子供の頃、曽祖父の秀吉爺さんから教わった碁がここで役に立った。

やがて陸軍中尉に昇進し、昭和十五（一九四〇）年九月、除隊になり、ＮＨＫに復職した。

母は信心深く、その世界では顔役だったようである。晩年になって四国八十八箇所めぐりにも参加していたのだろう。成田山新勝寺に信者が作っている会で、恵日会がある。母はいつの間にかこの会の幹部になっていた。

ここの大僧正とも親しくさせていただいていた。よく母に連れられて大僧正のすぐ後ろに座ってお経を聞いたりした。内容は理解できる年齢ではなかったが、大僧正が持っている雰囲気やお話のトーンが私の将来に役に立つと母は信じていたようだった。

ある時、大僧正が、私のほうを向いて、綺麗な目をしてますねと言ったのが妙に印象に残った。母は大僧正に褒められたのが特別嬉しかったらしく、「お前の目がいいと褒められたのよ」と嬉しそうに私に話してくれた。昔から目は心の鏡という。

後にＮＨＫの前田義徳会長とイタリア大使と三人で会食したことがある。ふとイタリア大使に「長澤さんは綺麗な目をしていらっしゃいますね」と言われたことがあった。この時、母のことを思い出した。

北満に配属されていた頃、「匪賊」の討伐に双眼鏡は絶対必要だった。道案内のオロチョン人の通訳は、眼鏡無しで二千メートルでも三千メートルでも遠くが見えた。この通訳にも「隊長は目がいいね」言われた。この時も母を思い出した。

しかし八十半ばになると目は急速に白内障が進み、人並に手術を受けた。

村長、内田秀五郎

両親は学校を出た私を地元で働かせたくて、私を村長の内田秀五郎さんのところに連れていって、役場か信用組合のようなところに就職を頼んだようだった。

しかし私の中の血は時代の潮流のようなものに目覚めはじめていた。前段でも書いたが、卒業した年が二・二六事件の年だったし、日本を包囲する国際情勢の厳しさも私を何ものかに駆り立ていた。

もちろん首都東京の中心、銀座で働きたい気持ちも無いとは言えなかった。せっかく頼んで就職の内諾を得たらしかったが、息子の私から余計なことはするなと悪態をつかれて、両親は断るのにずいぶん苦労したようだった。

この時受験したのは、ＮＨＫと資生堂と農業協同組合連合会だった。農協のほうは算盤で落ちたが、資生堂は合格した。しかしやはりこれからはマスコミだと思い、輝いて見えるＮＨＫを受験した。

村長の内田秀五郎は村民から尊敬されていた。私の家にもよく遊びに来ていて、どうすれば村民が幸せになれるか、父と真剣に意見交換していた。風貌も落ち着いて人間味のある顔だった。大正から昭和にかけて、村の区画整理、水道の設置、電灯の普及、信用組合の設立など生活の向上、地域の発展を考えての活動だった。二度とこういう人は出てこないだろう。まだ四十前後だったと思う。やがて杉並村は杉並町となり杉並区になったのは昭和七（一九三二）年である。内田さんはその後長く都議会議員となり九十歳を過ぎて元気でいた。

毎年九月十五日になると、八幡神社の祭りがある。毎年御神輿を担いだが、母は祭りの何日も前から、暗い電燈の下で、祭りのための猿股とシャツを縫ってくれたのを覚えている。針仕事が終わると、母は必ず手で何度も畳をなでながら立ち上がるのだが、口で「跡見娑婆訶《あとみはそはか》」とこれもその都度口ずさんでいた。針が落ちていないか、跡を振り返りなさい、粗相をしないようにとの言葉である。

私は今でも、この言葉を覚えていて、家を出る時、電車を降りる時、人の家を訪問した帰り、懇親が終わって立ち上がる時、ハンカチは、財布は、定期は、何か忘れ物はないか。今もこの言葉を口ずさんでいる。

後年、私が北関東でゴルフ場の理事長をした時も、寝泊りをする部屋に「跡見娑婆訶」の掛軸がかかっていたのを見て驚いたことがある。私は偶然と思うが、この額を私の部屋に掲げた人がいることを思い満足した。

無口で実行型の父親

父、金之丞は昭和二十七（一九五二）年十一月に亡くなっている。曽祖父の秀吉爺さんは才、識、徳のバランスのとれた人だった。父は二五貫もある力持ち、無口で実行型、隣近所からも頼りにされた。

祖父は銀蔵といったが、曽祖父から勘当を受け家を出ていたので、父は曽祖父に育てられたと言ってもいい。それだけに曽祖父の影響を受けて育った。信義を重んじ、人の面倒見の良いところは曽祖父譲りだと思う。

父はよく、盥の底が抜けていたらダメ、井戸の汲み桶が抜けているのならまだいい。底がなくても滴が付いてくる、辛抱強く汲み上げれば、その滴を溜めることはできる。と言っていた。

人生は物事の見分けをしっかりして、右か左かを判断すること、それによって幸不幸が分かれる。上を向いて歩けるか、泥沼に入るか、二者択一が人生なのだ。こんなことを父はよく言っていた。よく分からないこともあるが、父の言わんとするところはびんびん伝わってくる。

一人だけいい思いをしようと思ってはダメだ。貧乏村だから、皆で力を合わせて幸せを掴むしかない。父が死んで半世紀以上経つ。今になって父の懐の深さを感じる。

私が府立二中に行っている時、ストライキ騒ぎで退学になったことがあった。この時も父に危なく勘当されるところだったのを、母親の必死の懇願で助かっていた。その父が私が三十一歳で実況課長になった時は、誰よりも喜んでくれた。

今にして思えば、やっぱり不肖の子が可愛かったのだと思う。

老妻のこと、ささやかな主婦年金の創設

私が妻千代子と結婚したのは昭和二十（一九四五）年三月八日である。東京駅の前にある森谷商会という会社の重役、皆川亀次郎の長女で、二十五歳、私が三十歳の時だった。

戦争の末期だったし何も無い時だった。モンペ、キャハンで結婚式を挙げて電車で帰ってきた。三月十日が東京大空襲だった。以来今日まで、私のために本当に尽くしてくれた。改めて感謝したい。

妻は現在八十代後半である。最近は腰痛がひどく、加齢による故障もいくつも出てきている。

しかし家事労働には定年がなく、辛い毎日を過ごしている。支えてくれる息子夫婦にとっても、大変なことだと思う。

最近思うのは、この主婦労働のことである。男性の場合はある年齢以上になれば、厚生年金という制度があって、もちろん十分ではないが、老後を保証してくれ、健康でさえあれば、年金生活を楽しむことができる。

女性の場合も長くお勤めをした場合は、男性と同じように、企業年金や厚生年金で暮らしていける。

しかし外で働かなかった主婦については、大変不利である。国民年金制度のあることは承知している。夫が死ねば、半分はもらえるが、わずかなもの。報われることのない主婦労働が一生付きまとうのである。

今、若ければ男も女も、仕事を選ばなければ何がしかの仕事にありつけ、十分とは言えないまでもお金をもらえる。こうなると外に出て行くことのない家庭内主婦の仕事は、いささか敬遠されて誰もやりたがらなくなる。

今、少子化という問題が叫ばれている。その原因については議論があるが、私は主婦労働が昔に比べて、十分な尊敬を得られなくなっていることが大きな原因のように思えてならない。家を守り子供を育てるよりも、女性が外で働く仕事が経済的にもよく、輝いて見えるような世の中なら、外の仕事を選ぶのは当然であろう。こうした社会の風潮が少子化を生んでいるように思う。

生涯の大半を、子供を産みかつ育てることに当ててきた主婦に対し、老後のくつろぎと安らぎを与える家庭内定年制を設けてあげたい。

一つの例だが、私の家内は国民年金として一年に二二万円もらっているが、これから介護保険料を差し引かれ、一五万そこそこである。これだけではどうしようもない。家事労働だけで一生を過ごしてきた、老いた女性が安んじて老後を迎えるようにしてやれないものかと思う。

すぐに国に期待はできないと思うので、まず我が家の妻に対し、私的な主婦年金を私なりに創設してみた。ささやかな額である。その人の経済力に応じて考えてみたらどうだろう。

三　忘れえぬ人たち

幸福感を誘うアナウンサーの名人芸

私が入局した昭和十一（一九三六）年はアナウンサーもはじめて正規に採用した年だった。言うまでもなく、アナウンサーは放送とともに生まれた職業である。物事を正確に分かりやすく、気持ちよく伝える役目である。と同時に、正しい日本語、とりわけ美しい標準語が普及するのに貢献してきた。

アナウンサーの仕事は、一般の人が思う以上に大変な仕事である。伝え方いかんで皆が感動したり、時には人間の行動を左右する力がある。

それにつけても、最近のアナウンサーの言葉がかなり乱れているのは嘆かわしい限りである。その点、「ラジオ深夜便」などを聞いていると、これぞＮＨＫが培った財産だと思う時がある。

総じてラジオ時代は視覚に訴えることがないだけ、音声の役割がより大事だったし、正しい日本語を話すアナウンサーが多かったように思われる。

ＮＨＫアーカイブスの加賀美幸子さん、小さな旅や美術番組などドキュメンタリーのナレーションで定評のある山根基世さんなどは、正確で情感もあり、まさに芸術の領域に達していると思う。もちろん二人だけではない。私の知っているこのレベルのアナウンサーは、男女合わせて数人はいる。

美しい間合い、タイミングのうまさ、相手を考えての語りかけ、こんな日本語を聞いていると、心地よい幸福感にいざなわれていくように思う。一見オーバーに言っているようだがそうではない。同じことを私は何人からも聞き、自分の言っていることに自信を持っている。

人間の幸せには人と人との会話が欠かせない。幸不幸は会話によって決まるとも言える。それほどものをきちんと伝えることの意義は大きい。

これらの優れた数少ないアナウンサーはもっともっと評価され、大事にされていいと思っている。

アナウンサーは人にものを伝える技術の専門家であり、この分野ではこれ以上の人はいないのだから、第一人者にはもっと光が当たっていいと思う。正しい日本語を伝える、余人をもって代え難い知的才能に敬意を表し、例えば文学博士とか、文化功労者とか、こういった評価を意味する称号を考えて、贈ってもいいのではないかと思っている。ＮＨＫもぜひ賛同の上、行動を起こして欲しいものである。

草創期のアナウンサーたち

はじめてアナウンサーが生まれた頃、つまり草創期のアナウンサーとはほとんど面識があった。野球や相撲で名前を馳せ、最近になって野球の殿堂入りを果たした志村正順、舞台中継の高橋博、スポーツ・競馬中継の飯田次男、朗読の岡本正一などが一期生で、私と入局も一緒の昭和十一（一九三六）年である。

もちろん、その前に入った人たちもいた。その一人、中村茂は二・二六事件で反乱軍に対する「兵に告ぐ」を読んだことで昭和史に名前を残した。昭和十五（一九四〇）年、私が除隊になり、主計課から告知課（今のアナウンス室）に移った時の課長がなんと中村茂氏だった。

私は四年も戦地に行ってNHKを留守にしていたから、その間の給料は据え置きでかなり安かった。中村氏がそのことを気にしてくれて、何とかしてみるから俺に任せろと言ってくれた。中村氏が人事に掛け合ってくれ、だいぶん改善された。中村氏はおよそ事務的なことには一切無力で無頓着な人と思っていたから、意外な側面を見た思いだった。

当時の告知課のアナウンスグループの雰囲気は良かった。皆兄弟のように付き合い、暇さえあれば飲みに出かけたり、玉突きに行ったりした。本当に居心地良かった。今はほとんど他界しているが、昭和史に残る有名アナウンサーがぞろぞろいた。

観兵式の中継の瀬戸アナウンサー。「神宮球場、どんよりした空、暗雲低くたれた空、カラスが一羽、二羽、三羽」など野球放送で名を馳せた松内則三は、最初からNHKのアナウンサーではなかった。慶應大学を卒業して、一時勤めた株式関係の会社を辞めてぶらぶらしていたところを、NHKに誘われたのだった。酒を飲むと、二階の窓を開け放し、外に向かって小便をするので有名だった。

相撲放送で有名だった山本照さんは、入局前は『国民新聞』の運動部の記者で、はじめは相撲担当の記者だった。松内がロサンゼルス・オリンピックに派遣され、アナウンサー不足となったのを臨時に手伝ったのが縁で、長年の相撲記者経験を生かし、冷静な描写で見事にこなしたと言われている。艶福家で、いつ何時、何があってもいいように七つ道具を所持していたことでも知られている。

「前畑ガンバレ」の河西三省、昭和十一（一九三六）年八月、ベルリン・オリンピックの女子二百メートルの平泳ぎで、日本の前畑秀子とドイツのゲネンゲルのトップ争いの時のことである。

「前畑あと一〇メートル、わずかにひとかきリード、わずかにひとかきリード、前畑がんばれ、前畑がんばれ、前畑がんばれ……」

日本中の聴取者のほとんどが耳を傾けた放送である。

私が演出課長になった時、河西氏は演出部長だった。なかなか気のいい人で、ある時「おい長澤君、今日は君と昼飯を食おうと思っていたが、急用ができてしまった」そう言って食事代をくれた。

島浦精二、東大の野球部出身だった。「セイアン」と呼ばれた大阪育ち。私が大阪の放送部長の時、彼は上司で局次長だった。大阪の人情や風俗には特別通じていて、この人にはずいぶん大阪の夜を案内してもらった。

昭和十年組が和田信賢、浅沼博らである。浅沼のアナウンスは歯切れがよく、硬いものをきちんと伝えるのに向いていた。最後は専務理事・放送総局長だった。定年後はＮＨＫ出版の社長を務めた。このほか和田美枝子、藤倉修一、川原武男、岡田実、野瀬四郎、松本憲夫、東京大空襲で亡くなった赤沼つや、また後にアナウンス室長になる大山勇と結婚した大山つや子などがいた。

さらにこれに続くのが、高橋圭三や宮田輝である。高橋圭三は「私の秘密」で、宮田輝は「のど自慢」や「ふるさとの歌祭り」の名司会で、名前を不動のものにした。とりわけ、アナウンサーの司会というジャンルを世の中に認知させた功績は大きい。高橋は岩手県花巻の出身だったから、アナウンサーとしては、そのハンディを背負って生きてきたといえる。入局の時の試験官だった和田信賢が、気が付かないでうっかり合格させ、後で東北出身と聞いて心配した話がある。彼がアクセントには人知れず苦労したことはあまり知られていない。

宮田は東京だからそんな心配は不要だった。二人とも参議院議員になったが、私の本音を言えば、二人とも政治家にならず生涯アナウンサーで頑張って欲しかった。

しかし草創期のアナウンサーは皆、温室育ちで金銭感覚は駄目。酒と美人が大好き、出たとこ勝負で毎日を過ごしていた。島浦は島浦セイアン、志村は志村のぽん、和田は和田チン、飯田は飯田のくろちゃんと、お互いあだ名で呼び合っていた。懐かしい時代だった。この中から和田信賢と飯田次男を取り上げる。

和田信賢

昭和十（一九三五）年入局で、浅沼博と同期だった。二人はまったく対照的で、和田が柔とすれば浅沼は剛だった。

和田は正義感が強く、アナウンサーとしてはオールラウンドプレイヤーで何でもできた。しかも一流だった。和田は天才だという人が多いが、私はそう思わない、大変な努力家であった。

毎晩のように新橋のおでん屋で飲んでいたから、借金も多かった。ある日、新橋で一緒に飲んでいた和田がいつの間にかいなくなっている。心当たりを探してみたがいない。明日の朝、ラジオ体操の生放送がある。もし忘れていたら大変だ。あちこちを捜してみたが見つからない。後で分かったことは、その時和田は、放送会館のラジオ体操のスタジオでマイクの下に寝ていた。これなら寝坊しても番組をすっぽかすこともない。和田はそういうことを考える人だった。

和田は天才の面もあったが、努力家だった。一見、磊落に見えてもその実、緻密に考えて実行する人だった。

昭和十九（一九四四）年、北千島を取材した時、和田も一緒だった。砕氷船は右に左に揺れる。そのたびに録音機が飛ばされるように動く。当時の録音機は大型の円盤録音機だったから、壁にぶつかって壊れかねない。すると和田はひどい船酔いでゲロを吐きながら、録音機を抱きかかえ、少しでも激しい振動から守り続けようとした。

無事取材を終えて札幌に帰って来ると、時の西本三十二局長はその成功を誰よりも喜んでくれ、定山渓に招待してくれた。我々の席には芸者風の女性もはべっている。宴もたけなわを過ぎた頃、和田に誰か気に入った子はいないのかと聞くと、今日は仕事の打ち上げです、と言って見向きもしない。和田はけじめを重んずる人間だった。

和田は相手を大事にする温かい心を持った謙虚さがあり、そんなところが人に好かれたようだった。ヨーロッパ出張で健康を害し、早逝したのは返す返すも残念だった。

奥さんの和田美枝子さんは、当時から美人で頭脳明晰、本当に才色兼備のアナウンサーだった。美枝子夫人の面倒見のよさは有名であった。和田信賢はこの夫人に支えられ頼りっぱなしだった。彼の下着には一つ一つ「和田」と名前が書かれていた。旅に出ると信賢はよく下着を間違えたからだった。

和田美枝子が一人の夫人として、家庭のこと、美容のこと、子育てのこと、諸々の内容を専門家から取材して、そのメモを自ら朗読する「主婦日記」は女性向け番組のはしりだった。よく整理された内容と、上品で柔らかい語り口は、視聴者の皆さんにとって好感度ナンバーワンだったのではないかと思う。

飯田次男

昭和十一（一九三六）年入局、アナウンサー一期生である。私とは同期で、性格はまったく違うが、仲が良かった。飯田君は激しい、強い性格で、何事も妥協することを知らない。とにかくあの戦時下にあって、最後までゲートルを巻かなかった。またリーゼントスタイルのあの頭を最後まで刈ることをしなかった。これは凄いことだった。

味方半分、敵半分だった。独身時代、よく二人でダンスホールに行ったものだ。飯田はなかなかの踊り手だったが、救いは二人の女性の好みが違っていたことで、そのことでやりあう必要はなかった。お互い裏も表も知り尽くし、家族ぐるみの付き合いだったから、飯田が亡くなった時は本当に淋しかった。

競馬にもよく行った。競馬場でレースを見ながら、おい、これを放送したらどうか、これこそ大衆が喜ぶ番組ではないかとなった。私がＣＩＥ（民間情報教育局）のフランク馬場に頼みに行き、並行して競馬会との交渉を飯田君が担当した。

当時は、新しいことをやる時は、何事も総司令部に伺いを立てる必要があった。窓口担当だったフランク馬場は日本語も達者で私とは波長が合っていたので、何かと好都合だった。

ダービートライアル、ＮＨＫ杯はこうした人間関係の中でできあがった。

競馬放送はもちろん、これだけでなく、ダービー、皐月賞、菊花賞、天皇賞など、主なレースは飯田君のアナウンスによって電波に乗った。競馬場には馬主席と並んで、マスコミ関係者用の特別な部屋があったから、飯田君とは放送のない日もよく出かけた。

ある時、特別室に「花の生涯」の原作者である作家の舟橋聖一が来ている。舟橋は大の競馬ファンで、自分でも馬を持っていた。気がついたら飯田君と議論が始まり、ついに本当の喧嘩になってしまった。私が中に入って、まあまあと宥めてみても埒が明かない。舟橋さんが、あんたは誰だと言うから、飯田の親友で芸能番組の責任者だと言った記憶がある。そうかと舟橋さんは憮然としていた。

結局、喧嘩は仲直りできなかったように思う。「花の生涯」の再放送の許可が得られなかったのも、ギャラのことだけでなく、この日のことに関係あるように思えてならない。大河ドラマで再放送できなかったのは「花の生涯」だけだったように思う。

飯田君は前田義徳会長に信頼されていたから、定年になっても、理事待遇という処遇で定年を延長し、広報室長になった。

とにかく真っ直ぐに突き進むことしか知らない。ある時、記者クラブと衝突してしまった。ある週刊誌の記者がＮＨＫの経営を扱った記事について、クレームをつけたことからこじれた。最後に言い合いになって、何でも「お前たちは経営のことなんか言える柄か」といった暴言を吐いたらしい。怒った記者が会長に面会を求め、広報室長の更迭を求めるところまで大きな騒ぎになってしまった。

前田会長も悩んだと思うが、結局記者の抗議を受け入れ、飯田に告げた。飯田は納得せず、前田会長が週刊誌に屈したことに腹を立て、逆に前田のことを書いて前田を辞めさせる、と息巻いて原稿まで書いて私のところに持ってきたことがあった。私は、それだけはやめなさいと言って止めた。最後に飯田は「泰ちゃんの言うことも分かるから、記事に書いて前田を辞めさせるのは我慢する」と言った。飯田がＮＨＫを辞める一つのきっかけになった。

私は前田会長と飯田の立場、それぞれを理解した。二人の立場は違うが、二人とも強情っぱりで、いい加減にしろと思ったものだ。

もう一人広報室で忘れ得ない人に篠田英之介がいた。篠田はアナウンサー時代、特に朗読や舞台中継などで独特の持ち味があった。しかし二度もタクシーによる追突事故にあって首を痛めるという災難に遭った。篠田はアナウンサーを辞めて広報業務に転じ、ＮＨＫサービスセンターで、『グラフＮＨＫ』の編集を担当した。惜しい人材だった。広報室には芸能から来た石経昭という反射神経のいい男もいて番組の広報を担当していた。

高野重幾さんのこと

経理部の私の二年ほど先輩で、高野重幾という人がいた。明治大学で砲丸投げの選手をしていた高野は一九三六年のベルリン・オリンピックでは陸上のリーダーとして参加した。身体が特別大きく、背丈は六尺はあろうという大きな男だった。

新潟の佐渡出身で計数に明るく、経理にはなくてはならない人で、新人の私が中村部長によく叱られているのを見て、目立たないように隠れて私をバックアップしてくれ、何かにつけて励ましてくれた人だった。

　私が軍隊から帰ってきた時、主計課に帰りたいか、それとも希望があるかと私の意思を聞いてくれて、私が現場で働いてみたいと言うと、いろいろな人脈を頼って報道部異動の線で動いてくれ、実際その通り実現した。

　その後、高野さんは三十七歳で甲府の放送局長になった。そして昭和二十（一九四五）年七月六日、市内の不発弾の処理に参加中、突然爆発に遭って即死した。何とも気の毒と言うか、言うべき言葉もない。私にとっては忘れ得ない惜しい人をなくしてしまった。生きていれば、ＮＨＫの中心人物になる人だった。

　高野さんの未亡人は、高野さんが学生時代下宿していた家の娘さんである。本郷で寄席をやっている家だった。高野さんはそこに下宿して彼女を見初め、結婚してからも我々はよくその下宿に集まりワイワイやっていた。

　高野さんが亡くなった時、未亡人は局で働きたいという希望があった。皆で子供の奨学資金を集めることになり、集まったそのお金を、新潟のアナウンサーの大澤誠氏と二人で代表して郷里の佐渡に持って行ったことがある。ＮＨＫで働きたいこともその時あらためて頼まれた。そんなことから、私との間に噂が立ったこともあった。美人で進駐軍の通訳をしていたこともあり、保守的な佐渡では変な目で見る人もあり、そのようなことで未亡人のＮＨＫ勤務は取りやめになった。

子供は四人いたが、そのうちの一人、長女のいくちゃんを夫人に頼まれ、目黒の自宅で預かることになった。彼女はそこから青山学院に通った。卒業してからＮＨＫで働きたいと言うので、音楽資料課に採用してもらい、元アナウンサーの松沢知恵さんの下で仕事をしてもらった。なかなか魅力的な女性だったから、何人か言い寄ってくる若い男がいた。しかしいずれも立ち消えになった。後で聞くと、彼女が長澤の家から通っていることを知って、煩わしさを感じたものらしかった。

彼女が仙台の大学の医学部を出た人と結婚した時は私が媒酌をした。現在は退職して郷里の佐渡にいるが、今でも時々我が家に遊びに来てくれる。いいおばあちゃんになってしまっている。

高橋武治さんのこと

高橋武治さんほど面倒見の良い、私のシンパで安心して何でも相談できる叔父さんはいなかった。

ＮＨＫ生え抜きではなかった。『都新聞』、今の『東京新聞』の記者だったのをＮＨＫが引き抜いたのだった。昭和十五（一九四〇）年、満州から除隊で復帰した私は報道部に配属になったが、高橋さんはその時の上司だった。

浅草警察の脇の柳のあるところのてんぷら屋で、奥さんが中心になって店を開いていた。てんぷら屋の武さんということで、私たちは陰で、てんたけさんと呼んでいた。

昭和二十七（一九五二）年十一月、私が大阪の放送部長の時、父が亡くなり、大阪と東京を行ったり来たりしていると、君は仕事があるんだから大阪にいなさい、全部面倒見てあげるからと言って、高橋さんが音頭を取って葬儀全般を仕切ってくれた。

ある時、泰ちゃん、お前ならこういう時どうする、俺の話を聞いてくれないかと言って、次のような話をしてくれた。

「ある日曜日だった。自宅のてんぷら屋で寝坊した私は、寝巻姿で三階の物干台に上がって朝の深呼吸をした。その時、物干台の小さな部屋でねずみが動くような音がしたので唐紙を開けてみると、職人と女中が抱き合ってまさにその最中だった。私はうろたえながら、女将に見つかるとうるさい、早くやっちまえ、と思わず叫んだのだが、泰ちゃんならどうする」

高橋さんはそういって私の顔を見た。すぐには返答できなかった。その職人と女中は結婚して、田舎に帰って夫婦で商売をはじめた。そのうち東京は戦争でいよいよ食糧難になり、てんぷら屋の仕事も難しくなった時、その夫妻が米と油を送ってくれて本当に助かったとのことだった。

高橋さんはやがて仙台の中央局長になる。作並温泉で歓迎会があった。作並に行く途中、温泉の近くまで来た時、数人の子供に会うのだが、その中の一人が頭にひどいおできができている。こうなると高橋さんは黙って見てはおれない。車を止めてその子供に「お母さんに話して、もしよければ仙台のいいお医者さんに連れて行ってあげる。おじさんは仙台のＮＨＫの者でこの温泉旅館に泊まっているから」と言った。数日後、母親との連絡がとれ、高橋さんの車で仙台に行き、医者に見てもらい入院して治してもらった。

やがて高橋さんは東京の報道局長になる。ふたたび同じ作並で送別会が開かれた。お酒の飲めない高橋さんは宴会も早目に切り上げて、部屋に引き揚げ床に入っていた。気がつくと一人の年増の芸妓がこたつの火を入れにきている。こたつ布団を捲り上げ、大きなお尻を突き出すようにして頭を突っ込んでいるのを見て、高橋さんはぐらっと来た。芸妓はあのおできの子供の母親だった。あの節は本当にお世話になりましたと言って、こぼれんばかりの笑顔を向けている。子供のお礼に私でよろしかったら、と言う。もちろん高橋さんはその母親にはそのまま帰っていただいた。

「泰ちゃん、こんな時、お前ならどうする」

高橋さんは話術もうまかった。

高橋さんは私にとって、マージャン、競馬遊びのほうも先生だった。晩年は入院している病院を抜け出して、甘いものを食べながらマージャンに参加し、また病院に戻るといった生活を繰り返していた。結局、高橋さんはこの糖尿で命を縮めることになった。本当に世話好きで、心の広い人だった。

奈良宝山寺大僧主、松本実道さんのこと

恩賜財団済生会の各県の支部会長はだいたい各県の知事だった。例外もあった。奈良県の場合は宝山寺管主の大僧正、松本実道氏が支部会長を務めている。

一度松本氏に会って親しく教えを請いたいものと思っていたのが、機会がやってきた。大僧正にはじめて挨拶した時である。大僧正は二つのことを言った。

「縁というものを大事にしなはれや、長澤さん」と。

もう一つは、

「後ろ姿を見て人が付いてくるような人になりなはれや、長澤さん」

これだけを言ってくれたことが今なお印象に残っている。

後ろ姿を見てのほうはいくら努力してもものにならなかったが、縁を大事にすることは小さい頃から、曽祖父に何度も言われて実行してきたつもりだったから、間違っていなかったことを改めて感じ取り、いっそうご縁を大事にしなければと有難く心に言い聞かせている。

今年の春、私は住所録から六三人の人の名前を消した。亡くなられた人が多かった。私とは直に心の交わりをしてきた人々である。亡くなられてみると、もっともっと縁を大事にすればよかったと思い出されることばかりである。

竹村吉右衛門さんのこと

秋田の大館市の出身の方である。国立の商科大学を出て、安田生命の社長や会長をやられた人である。人生の研鑽を積んだ、言行一致の人だった。

私の家のすぐ近くに住んでおられ、弘法大師の精神を受け継ぎ、地元のいろいろな方を集めての会である「上荻会」は竹村さんを囲む会でもあった。近所のお蕎麦屋さんやおすし屋さん、中小の会社の社長さんがメンバーで六〇人ぐらい集まって、話をする会だった。私もその中の一人である。

教育や宗教、また社会に関心があり人格は高潔だった。数年前、八十三歳で亡くなられたのは惜しい。元NHK会長の阿部真之助氏や元日銀総裁の渋沢敬三氏などと、「小さな親切運動」を展開した人でもある。晩年、仏教振興財団を作り、『心の糧』という小冊子を出した。その巻頭言に掲載されている竹村氏の言葉がある。竹村氏がご自宅の玄関に掲げ、ご家族の日常の心得とされていたものである。

一事が万事
履きものは　いつも揃える
戸障子は　必ず閉める
使ったものは　置き所に戻す

このことは　事小に似て
小に非ず
一事が万事　かくてはじめて
大事をなすに至る

竹村吉右衛門

心を洗われるような言葉だと思う。

竹村さんで思うのは、歳をとり現役を退けば、一事が万事を拠りどころにして、いきおい家庭中心になることである。

私の家に、七福神の一つである福禄寿の木彫りがある。上半身、等身大の大きさで、黒光の着色を施した、見るからに由緒ある立派な木彫りである。飛騨高山の北、古川に住む名匠、山村佐藤兵衛による「刻みの書」が添えてある。

「この木像は数百年前の古木をマサカリ一丁にて刻み特殊着色で仕上げております　刻者　山村佐藤兵衛」

恩賜財団済生会総裁だった高松宮がお亡くなりになった時、宮様への献上品の中から妃殿下が私にお下げ渡しになったものである。我が家の宝である。

かねて私はこの匠に会ってみたくて、平成十五（二〇〇三）年十月、岐阜県古川町を訪ねるべく、高山本線で高山駅から三つ目、古川駅で下車した。さすが、飛騨の匠の流れを汲む町だけに、古い木造建築が多い中を名匠の宅を訪ねた。本人はすでに亡き人だったが、ご子息が継いでおられた。

木彫りは間違いなく名匠の手になるもので、高松宮に献上されたものであることがご子息の証言で分かった。

福禄寿は幸福を呼ぶ神様と言われている。私はその由来を深くは知らないし、これ以上に知る必要もない。ただ時々目の前に置いて正座すると、なんとも穏やかなありがたい気持ちになる。

私はこれを本尊にして、心ある人との集まりを持ちたいと思うようになった。今、七十五歳以上の人に、もう一度光り輝ける機会を持ちうる運動をしたいものと思っている。その人の適性と個性に応じた、趣味とビジネスを合わせたような、その年齢の人が夢中になれる何かを見出したいと思う。

ただ会って飲んだり食ったりするだけではない世界の再構築である。

このたびの大腸ガンの入院騒動で頓挫しているが、調子を戻した節はまたはじめたいと思っている。

四　荻窪に住んで

荻外荘と近衛さん

生まれた時から荻窪に住んでいるが、荻窪そのものは、駅ビルや環状八号線ができてすっかり様相が変わった。それでも荻窪八幡の祭りは今も盛んだし、蕎麦屋の本むら庵は今も賑わっている。

新宿のほうから青梅街道を車で来て、天沼陸橋の前を斜め左に入り、すぐまた左折すると、しばらくして道はなだらかに右に折れる。その折れる左角に荻外荘《てきがいそう》がある。

日中戦争期の総理大臣、近衛文麿公の屋敷で、元は大正天皇の侍医であった入澤達吉博士の屋敷であったものを近衛公が買い取った。当時の元老、西園寺公望公が「荻外荘」と命名したのだそうである。

近衛公が昭和二十（一九四五）年十二月、マッカーサー司令部によりA級戦犯に指名され、いよいよ逮捕されるというその日の朝、この荻外荘で服毒自殺を遂げた場所である。今も当時のまま、門に「近衛」と書いた表札が残っている。昭和史の一ページを想起させる歴史の重みを感じさせる門である。

現在も次男の通隆氏が住んでいる。通隆氏は細川護熙元総理の叔父にあたり、顔もよく似ておられる。さすが、五摂家の筆頭だった近衛家の直系にふさわしい風格がある。通隆氏は、もう八十代半ばを越されてご健在である。

近衛文麿は二代目のＮＨＫ総裁だった。ある日、通隆夫妻と会食の席で、「総裁のご子息と同席できて光栄です」と言うと、通隆氏が恐縮する。近衛公の子息といった驕りたかぶるようなことは一切無い人である。

通隆氏が顧問をしている杉並文化村という、杉並の文化活動を二〇年も続けている民間有志の団体がある。初代の村長が作家の野坂昭如氏、二代目は作曲家の小林亜星氏である。

この運動を一貫して推進してきたリーダーが渡辺直紀氏である。渡辺氏は不動産関係の会社社長であるが、文化を解する実業家で、彼が主宰する『杉並ジャーナル』で私のことをこんな風に書いている。いささか照れくさい記事だが、文章の中に逆に渡辺氏の片鱗がうかがえて面白い。一部引用する。

荻窪の上荻の二丁目に四百年続いた長澤家がある。……古武士的な生き方を好み、節度節操を厳格なまでに守り偉大な力を持ったために「ＮＨＫの天皇」の異名で呼ばれたこともある。しかしその真髄は友人をはじめ人間をこよなく愛し、人をよく信じていたようで現役の頃は年賀状を普通の人の三倍も出していた。……七十四歳になった時、一切から引退し、今まで顧みなかった妻や息子のことを少しは考えたいと照れ笑う顔に、王者のように颯爽と生き抜いた男のたくましさと清々しさが溢れていた。「主人は後を振り返ることなく常に自ら率先して何事にも挑戦し続けてきた〝昭和の戦士〟みたいなものです」美しくお歳を召された奥様が静かに氏を語る。……

荻窪は戦前、軍人の将官クラスがよく屋敷を構えていた。当時、近衛さんが荻窪にいるというそれだけの理由で、荻窪を選んだ人もいたと聞く。

近衛さんの荻外荘に行く少し手前に、音楽評論家でＮＨＫラジオ「話の泉」のレギュラーだった大田黒元雄さんの旧宅が、大田黒公園として静かなたたずまいを見せている。同じくラジオの「とんち教室」の石黒敬七さんの家は西荻窪である。無声映画の弁士から多彩な文化活動をした、かの有名な徳川夢声の家も近い。

荻窪から天沼、阿佐ヶ谷は文士村といわれ、井伏鱒二、上林暁、太宰治がいた。南荻窪には与謝野鉄幹、晶子夫妻が長く住んでおられ、終焉の地でもあった。井伏の『荻窪風土記』には昭和初期の荻窪や都電のない頃の青梅街道の風物が活写されていて懐かしい。

荻窪での友人や知人もどんどん亡くなられた今、町内会長の小俣銀治氏が数少ない地元の友人である。私は小俣氏を勝手に頼って生きている。

若い頃、父の勧めた仕事を蹴ってマスコミの仕事に飛び込んだ。地元を省みない生活が続いてきた。今となっては、お役に立とうにも老残であるが、地元に少しでも密着した暮らしをし、ほんの小指の先のことでも地元に役立ちたいものと思っている。

荻窪の駅から私の家までは歩いて十分ほどかかる。ちょうど良い運動である。私は車には乗らないようにしている。散歩のつもりで歩いているが、最近は若者にどんどん追い越される。この間数えてみたら、駅に行くまでに六五人に追い越された。我ながら老化したものと思う。

八十八歳でホールインワン

第二代会長小森七郎の項で触れたが、宇都宮から東に入った茂木町に関東国際カントリークラブを作り私が理事長になったのが昭和四十九（一九七四）年である。

NHKのOBや外部のタレントにメンバーになってもらうなど多くの友人の協力をいただいた。私は日本ゴルフ協会の理事として、マナー委員長や広報委員長に就任し、ゴルフにかなり力が入った時代だった。

会員権を扱う中嶋ゴルフの中嶋宏社長は私のゴルフの先生でもあった。一緒に回ってはラウンドレッスンを受けるなど、陰に陽にお世話になった。

そんな雰囲気の中で、私がサービスセンターの理事長当時、お得意様や出入りの業者や取引先が一緒になってコンペをやる話がでて、八〇人ほどのゴルフコンペを会費制で関東国際カントリークラブで開いたことがあった。

しかしこれを中傷する人が出てきた。週刊誌にも、財団法人であるNHKサービスセンターが業者を招くのはいかがなものかと、書かれたりした。

NHK本体がコンペをやったように誤解をしたらしいのだった。財団法人と言えども独立採算制だから、公共性を損なわない範囲で収益を上げ、少しでも多くNHKに還元すべきと国会などでも指摘されていた。私はお得意様と一緒に会費制でゴルフコンペをやるなどして、大いに実績を上げてきたから、中傷を気にして止めるなどということはしなかった。

平成十四（二〇〇二）年三月、武蔵カントリークラブの豊岡コース一六番ホールでホールインワンが出た。NHK芸能局のOB会主催のコンペで、八十八歳の時だった。これは嬉しかった。偶然とは言え、米寿でホールインワンは珍しいのではないか。私は手放しで喜んだ。

このコンペはドラマプロデューサーだった舘野昌夫や各務孝が中心になって、長い間続いているゴルフコンペである。このコンペのメンバーは芸能だけでなく、縁の深かった経理出身で共同ビルディングの役員を務めた高橋喜悦や美術部長だった森真人、青少年番組を育てた加納守など、多種多彩である。若い頃はこの人たちとゴルフが終わって、マージャンに出かけたりもした。

松本宗次はゴルフもマージャンも何をやっても勝負度胸がよかった。広島の局長を最後にサービスセンターの専務を長くやってもらったが、亡くなってもうかなりになる。

ゴルフ会はこのほかにもいくつかあった。川崎国際のメンバーを中心とするゴルフ会や多摩カントリークラブなども支配人の押田春有が昔からの仲で、メンバーを中心とするゴルフ会を開いてもらっていた。そのつど参加してくれた人には、元アナウンサーの天野脩次郎、元報道局部長の野辺昇、旭川局長を経てサービスセンターの副本部長やＮＨＫソフトウエアの役員を務めた阿部照勝は今や玄人はだしの写真家である。ほかにも管理出身で退職後はいくつかのレストランのマネージャーなどを務める森淳太郎がいる。

ホールインワンはゴルフ歴を飾る勲章のようなものだが、ついでに今までもらった褒章や感謝状のことを書いておく。

昭和五十二（一九七七）年、藍綬褒章をもらった。六十二歳の時である。これはまったく予期しないことだった。同僚の志賀正信君ももらった。後輩の根本良雄君が音頭を取って、我々二人の受章祝いを赤坂プリンスホテルで開いてくれたことがあった。

根本君は若い頃からの部下であり仲間だった。その時は放送総局の副総局長で芸能担当でもあったからだろう。歌手の森進一と佐良直美が来てくれ、何曲か唄って会を盛り立ててくれたことを覚えているが、後はすっかり忘れてしまった。

昭和五十七（一九八二）年、六十七歳、逓信事業（放送通信）に功績のあった人に贈られる前島賞を受賞した。かなり専門的な実績のある人に贈られるものなので、専門家の端くれに見てくれたのかと嬉しかった記憶がある。

平成二（一九九〇）年、七十五歳で勲三等旭日中綬章を授与された。その数年前に話があった時は、NHKサービスセンターの現職だったこともあり辞退したが、今度は済生会もOBになっていたし、受けることにした。

本むら庵での会など

本むら庵は、今ではどのグルメガイドにも載る有名な蕎麦屋になったが、私のすぐ近くにある親戚筋でもある。本むら庵を中心として、ずいぶんいろいろな会を持った。

その中の一つ、「わいわい会」がある。

私が実況課長の時に十日会という会を作ったことがある。私を中心に月一回飲んだり食ったり、ゴルフをしたりするまったくの親睦の会だった。はじめた頃のメンバーは、アナウンサーの飯田次男、運動部長の鵜沢七郎、木村竜蔵、後に四国の局長になる長倉男士、堺健太郎、小林三郎などだった。NHKを退任した時、やはり同じような趣旨で「わいわい会」を作った。飯田次男や長倉男士などメンバーはだぶっていた。その後、渡辺九郎や大山勇、高橋無一、田中正二、谷沢龍一、沢枝守、野辺昇、菅野彬郎などが参加するようになり、さらに労務時代の鈴木猛や井上豊、向田良、佐々木欽三、山田鉄郎、営業の柴田正臣や宮本革昭、芸能の舘野昌夫、合川明、各務孝、広江均、松原淳、岸田利彦、元アナウンサーの長浜昭麿等々も加わり、今も続いている。

元会長の川口幹夫も時々顔を見せる。長い間、川口会長を支えた大物秘書の歌田勝彦もいる。サービスセンター理事長を務めた元NHK理事の菅信五や山田勝美、営業総局副総局長でサービスセンター理事長だった吉田稔、放送総局長で後にNHK出版の社長を務めた安藤龍男、また専務理事で放送総局長だった河野尚行なども参加し、かなり層が厚い。

一番若いところでは、秘書室次長を務めた池田清澄、旧友会の事務局長の佐藤敏介がいる。現在は菅信五と松原淳それに秘書の篠原ますみが幹事をしている。

以前は全員一致でないと入会できなかったので、私とかなり親しい人でも入っていない人もいる。今は規制は緩和されているようだ。今でも本むら庵がメイン会場になっていて、十二月の忘年会は本むら庵に集まる。

伊豆の自然に魅せられて

自然に親しみ、自然を相手に生きる生活は私の理想だった。

NHK時代の最後は体調を崩したこともあって、役員を退いてからは、晴耕雨読の生活に憧れ、栃木県にゴルフ場を立ち上げ、理事長として経営に取り組んだことはすでに書いた。

もう一つ今の言葉で言えば、スローライフに憧れた。

舟を浮かべて伊勢海老を捕って食べるような生活を夢見た。そこで南伊豆に一万坪の土地を確保し、純粋養蜂食品をはじめ、手作りの自然食品を生産販売する、株式会社伊豆自然郷を設立した。「ローヤルゼリー、プロポリス、ハチミツ、夏みかんなど……。展望レストランでは、雄大な海を見ながら新鮮な味覚を楽しめます」これは会社のチラシの文言だが、まさに海と自然と健康食品の組み合わせは時代を先取りしたコンセプトであった。

高瀬広居君の仲間で、プロダクションリーダーである高崎一郎がデパートと連携して通信販売をしているが、ご両人にも世話になった。

この社長室には、弘法大師が説いた私の好きな「和顔愛語」の書が額に入れて飾ってある。当時の南伊豆町長、菊地利郎氏の筆によるものである。

今は社長を息子の義臣に譲り、そこに義臣の長男、精久が参加し、親子で頑張って欲しいと思っている。私は一歩下がって見守りながら、残された人生をゆったり暮らすことを考えている。海に向かって深呼吸、そんな生活である。

東京南ロータリークラブのメンバーになってかれこれ四〇年近い。南ロータリークラブは由緒あるクラブとされ、初代の会長は憲法学者で国務大臣を務めた金森徳次郎氏である。ちょうどNHK交響楽団理事長をしていた時である。以来三〇年、その間、私は広報委員長をやらせてもらった。他業種の人たちがたくさんいて、いずれもかなりの人たちだった。私はここで数多くの知己を得た。

私の紹介で入った人も何人かいる。NHK関係でいえば、技師長専務理事を務めた高橋良、NHK理事を経てNHKサービスセンター理事長となった菅信五、NHK理事だった中井盛久、二つ三つ社長を兼ねている芸能のプロデューサーだった下村渥などがいる。

また、早稲田の昭和八（一九三三）年入学の同窓会で「稲門八商会」と呼ぶ会があった。親しい仲間だけで当初二〇人ほどで長いこと続いてきた。やがて皆、老齢化し奥さんと一緒だったり娘さんが付いてきたりするようになった。最後には中野で税務会計事務所を持っていた福島誠一と私だけになってしまい、平成十七（二〇〇五）年に解散してしまった。長く生きると同僚もいなくなり、なんとも淋しい限りである。

九十二歳を迎えて

現在、私は今、分身である杖をよき相方として、九十二歳の坂道をなんとか登りはじめている。長く起伏の激しかった過去を振り返って、最近の心境などを述べてみたい。

その第一は健康問題である。

幸せな人生を送るのには、健康維持が何より大切ということは、申し上げるまでもない。

私は七十を過ぎてから胃ガンと脳動脈瘤という生半可ではない病気に取り付かれたが、おかげさまでどうにか持ちこたえ健康を取り戻した。よくぞまあの心境だった。病気になった時、医師を一〇〇％信頼して、おんぶに抱っこと割り切ったのが好結果を生んだものと現在でも確信している。胃ガンの時は東大出身の青柳先生と三浦先生に手厚い対処で助けていただき、ついで脳動脈瘤の時は、済生会中央病院の高木康行先生を中心とする先生方にお世話になった。あれからもう二〇年余り、おかげさまで健康に過ごさせていただいている。これからも高木先生に私の生死をお預けするつもりである。

ところが平成十八（二〇〇六）年の暮れ、突然体に変調を来し、済生会病院で精密検査をしてもらったところ、結腸に悪性の腫瘍が見つかった。つまり大腸ガンと判明した。九十歳を越えて手術をすべきか、手術に体力が耐えられるか、先生方に判断していただき、押し詰まってから手術をし、四四日の入院の後、無事退院の運びになった。この時は高木誠院長のお世話で、北里大学の渡辺教授と済生会病院の大山外科部長にお任せした。また昔お世話になった今七十五歳のかつての総婦長の堀美也さんが、私のために駆けつけてくださり、献身的に看護してくださったのは忘れ得ない。

現在体力の回復に努めているが、何とか年相応の体力を取り戻せる見通しに立っている。難しい病気を何度も乗り越えてきた私としては、多少とも皆様に役立つかなと思う、病気と付き合う心得を列挙しておきたいと思う。

①病気を甘く見ないこと。病気には臆病になること。これが早期治療につながる。私はこれで成功したと思っている。また生半可な知識に振り回されないことも大事なことである。

②正しい病名を早く見つけること。担当の医師を信頼すること。もしどうしても納得できない時は、他の専門の医師の診断を受けることで、自分が納得しないといけない。

③月並なことを言うようだが、煙草をやめること。煙草を吸う人の寿命は短い。私もヘビース

モーカーだったが、七十歳できっぱりやめた。ニコチンは体内から無くなるのに一〇年かかるというデータがある。そして寿命も喫煙する人としない人では数年は違うというデータもある。

④医療器械の充実している施設を利用すること。医療機器の日進月歩は驚くほどである。

⑤病気は摩訶不思議なものである。しっかりと目標を持ち、自分で治すという意識を持たなければならない。諦めたり手抜きをしないこと。

以上のことはきわめて平凡なことでもあるが、実行することで必ず効果が現れるもの。それによって病気に勝ち抜くことができると信じている。

述べておきたいことの第二は仕事関係である。

最近の時の流れの速いこと、それに世相の変化もなかなか厳しく、かつ難しくなってきている。私の現役時代とはまったく様変わりしている。過去に私が関わった、放送・通信事業や保険・医療・福祉関連の事業内容の流れを見ていると、現在の私の才・識・力では到底追随していくことは至難な状況である。当時取り組んだ仕事についての様々な結果を見ても、「ああ、そうだったんだ」「ああ、そうすればよかった」と遅ればせながら気がつき、総じて後追いがかなり多くあったことを、残念ながら認めざるを得ない。

しかし当時の私には、松下幸之助氏のいう「汗して知恵出せ」をモットーとして頑張り、成果を狙ったつもりだった。結果は意のごとくならなかった。

なすべき事のあまりに多く
なしえた事のあまりにも少なく

この言葉そのもので、反省の繰り返しである。人生とはこんなものかと悩んだが、悩んでみても解決しない。「棒ほど願って針ほど叶う」の言葉がある。まさにその通りである。

最近の心境について述べておきたいことの第三は、心の健康「如意」(意の如く)である。

私の家の床の間に興福寺山主、乗俊師の書「如意」が掛けてある。如意、つまり意の如しは自分の納得する人生を生きる意味である。この世に生まれて、自分が思うように、自分が納得するようにのみ生きることは至難だろう。

日常、我々は心ならずも世辞を言ったり、揉み手をしたり愛想笑いをして生きている。こうした不如意から完全に脱却することはできるはずもない。しかし人様に迷惑をかけない限り、己の納得する本音の人生を貫くことが「如意」の精神である。完全な実行は不可能だが、己の心に「如意」の理想を掲げ、少しでもその方向に向かって生きることはできると思う。私は自分の部屋に「如意」の額を掲げ、生きてきたつもりだが、これからも辛抱強く「如意」の精神に近づきたいと願っている。

世相の動きを見るに、これからの時代は誠に厳しい「火と水との調和の時代」が来るのではないかと思っている。つまり不可能と思う要素が合体する、あるいは考えられない流れが合流する。

それなしには何事も解決しない。この解決はこれからの日本人に期待するしかないと思う。私は日本人の英知はこれを乗り越えていくのではないかと思っている。

世の中がどう変わろうと、これからの私の生きる人生の原点の今までの路線を変えることはできない。前にも述べたように、月並な表現だが、やはりこの身をもらった親の恩、それから社会の恩、師の恩が拠りどころになると思う。

重ねて言えば、今から二〇年前、当時宝山寺管主であった大僧正、松本実道師からうかがったお言葉を再度口ずさみたい。

「縁というものを大事にしなはれや、長澤さん」
「後ろ姿を見て人が付いて来るような人になりなはれや、長澤さん」

今なお忘れられない言葉である。

この頃仲間がどんどん消えてゆき淋しい限りである。しかし数少なくなっていく友の底力におぶさって、これからも私の雑草人生を大切に、天の道に従いながら、ゆっくりと私らしい行動を重ねて生きたいと念じている次第である。

あとがきにかえて

回想九〇年を書いてみて、我ながら記憶が薄れてきていることに気がつく。書くことが一杯あるようでいて、まとまった話にならない。

暴露ものは書きたくないが、皆が知らない秘話のようなものは欲しい。

暴露と秘話の境界線は微妙である。それにしても文字にできるものはほんの少しである。本ができ上がったら、今度は本に書けなかったこと、本に書かなかったことを、皆に喋りたい心境になるのではないか。

晩年、多少別の仕事もしたが、頭を離れないのはやはりＮＨＫのことだった。

ＮＨＫのことは本当に心配である。重複するが、その心配を三つに絞って書いておきたい。

ＮＨＫの最高意思決定機関として経営委員会が改めて位置付けされた。はっきり言って、経営委員会が人事面を含めて、あまりに政府寄りに運営されようとしているのが心配である。委員長の人事一つとっても、官邸主導で視聴者不在と言われても仕方があるまいと思う。会長の人選についても経営委員長も会長も同じ企業人というのも配慮がなさ過ぎる。今まで何かあれば、政治との距離、介入の疑いを指摘されてきたNHKの運営の根本が、政府寄りの構造なら介入以前ではないのか。今の放送法について与野党とも何も言わないのが不思議なくらいである。

会長が外部から来ること自身、悪いことだとは思っていない。しかし放送の分野についてまったく未経験、不案内だとしたら、まずは謙虚な気持ちで八〇年かけて築き上げた放送界の無形の財産を吸収することではないか。少なくとも一年間かけて、現役長老を問わず、多くの放送人と会話し、なるほどという自分なりの見識を持つべきである。それが礼儀であろう。

NHK自身、信頼回復の必要について本当に深刻に考えるべきである。橋本会長は孤軍奮闘、それなりに頑張ったと思うが、NHKの持っている大きな人的な力を十分活用しなかった。対外的にも、NHKはもっと積極的に発言してしかるべきだし、会長として発言できる言葉と内容と権威を持つべきである。

NHKが公共放送として本来の信頼を回復できる日を、今も心から願っている。困難を乗り越え回復できた信頼は、以前の信よりずっと貴重な、揺るぎない信につながるものと確信する。度重なる不祥事でNHKはもう駄目ではないかと言う人もいるが、私はそうは思わない。人材に恵まれている。やり方一つで再生は十分可能であると考える。新会長も就任した以上、骨を埋めるつもりで取り組んでほしい。

誰でも歳をとると、今のことはすぐ忘れるが昔のことはよく覚えている。特に現役時代の中のある時点では、よき縁《えにし》を得て、ささやかな幸せを手にしたこともあった。

老いてしまった今では、どのようにして再び縁を手にし、縁のある人と歩調を合わせられるか、はなはだ心もとない。

命長ければ恥多し。石に灸を据えられないとは承知しているが、知らず知らず老化して横着者になり、なかなか目的は達成できない。

一昨年の暮れから正月にかけて病院で過ごした時、もしかしてこれが最後かという思いが去来した時もあった。しかし幸運にも全快した。本当に幸運だった。何とか健康を取り戻したが、衰えは著しい。膝はがくがく、視力の減退は著しい。耳もかなり遠くなった。物忘れがひどく、何よりも根性と思考力がなくなり、どこまで体力が回復するのか、しないのかまったく見当もつかない。

そうかと思うと、うまくいけば百歳に手が届くのではないかと思ったりする時もある。

人間九十を過ぎて感ずることは、何を言っても許されるという気持ちになったことである。何年か前のことである。地元荻窪で九十歳を越える人がバスに乗ってくると、いつも声高に誰かと話をしている。よく見ると、知らない人と旧知の間のように何のわだかまりもなく話をしている。乗客もそれを許している。なるほど九十を過ぎるとはそういうことなのか、と妙に感心したことがあった。私自身今その歳になった。思ったことはなんでも話そうという気持ちになっている。

病気になる前には考えられない心境の変化である。

健康の許す限り、これからも言いたいことを言って、残された人生をゆっくり歩いていこうと思う。長命は人生の深さを知り、感謝を知る。

老いの木登りはしない。数少なくなってくる仲間、相棒とどう和するか。和して同ぜず。煩悩を脱して悟りを開かなければと思うが、日暮れて道遠しである。

ＴＶの時代劇ではないが、床の間の前に座布団を敷いて「おのおの方、余は満足じゃ」、そんな気持ちである。

最後になったが、このたびこの本の出版の機会を与えていただいた藤原書店の藤原良雄社長に、感謝の意を表したい。またこの回想録を作るに当たって多くの人から助言、示唆をいただいた。特にＮＨＫ時代の後輩である佐々木欽三君にはたいへんお世話になった。散乱していた資料の整理から私の記憶の薄れていたものの再構成まで、長い期間頑張ってもらった。改めてお礼を言いたい。

平成二十年三月

長澤泰治

回想録をお手伝いして

佐々木欽三

長澤さんから回想録を作るから手伝って欲しいと言われた時、私は快くお引き受けした。しかし間もなく、これは容易ならざることだと気がついた。

回想録は九〇年にわたる長澤さんの自分史でもある。要職にあった長澤さんとＮＨＫの歴史との長いかかわり、自分史としての歩みやその時々の思いを過不足なく、整理することは生易しいことではない。特に長澤さん独特の語り口や比喩など、その味を出すことまで考えると、暗澹とした気持ちになった時もあった。しかし一方で、これは自分でなければできないかもしれない、という自負みたいなものもあった。

私が入局した昭和二十九（一九五四）年、長澤さんはすでに本部の社会部長だった。私は採用と同時に広島勤務になったから、直接の接点はなかったが、担当番組が長澤さんの系列の社会派番組だったから、その元締めにいる長澤さんてどんな人なのか、遠く仰ぎ見ながら強い関心の対象でもあった。

直接部下になったのは昭和四十二（一九六七）年、報道番組のディレクターからいきなり労務部副部長を拝命した時である。現場しか経験していない私にとって、経営部門、しかも管理職という役割はハンディだった。

それまでの所属の部長だった石黒清朗さんが、担当役員は長澤さんだから心配することはないよ、これから挨拶に行こうと言って、すぐ専務室に連れて行ってくれた。

その時、長澤さんとはじめて、まともにお目にかかった。入局して一三年目にやっと部下になったのだった。

「富士山も近くで見れば瓦礫の山だからな」

長澤さんはそれだけを言われた。この時のことは今でもよく覚えている。

長澤さんは若手の部下を鍛えるのがうまかった。部長を飛び越え、しばしば専務室に呼びつけられ、次々に難題を出され、三日後に報告しろというのが多かった。私は全国の要員管理が担当だった。各県の放送局にアナウンサーが八人いる。七人に減らせれば全国で五〇人は削減できる。受付の二人や電話交換は外注ではどうか。一県に放送局が二つある県がある。なぜ複数必要なのか、一つに統合できないか等々。

NHKも贅肉を落とす必要がある。人員を減らしたい、どこなら減らせるか。考えをまとめて、一週間後に報告しろとなった。良いとなったらすぐ役員会に提案となるから、いい加減なことは言えない。大変だったがスタッフとしてはやり甲斐があった。今では懐かしい思い出である。

この回想録のお手伝いをしながら、四〇年前のあの時の宿題の延長のような気がして、長澤さんはいつまでも上司なのだと思いながら、一方で上司と部下の関係を超えたご縁のようなものを感じている。一年ほど、毎月何時間と向かい合っていると、長澤さんの言っていることを言葉通り整理したのでは満足できなくなる。そこはこう書かなければという思いが時に生まれてくる。長澤さんもそれを期待している時がある。しかし抑えなければならない時もある。その呼吸が難しかった。

一昨年の暮れに大病された時は心配した。元気に回復され本当によかった。大病後は、ぼけて記憶も定かでなく、困ったことだとしきりに嘆かれるが、どうしてどうして、作業をはじめると何時間でも平気なのに驚く。その生命力に驚嘆している。回想録を終えてほっとされ、疲れが一度に出ないことを祈っている。

略年譜

年	著者履歴とNHKの動き（著者関連は太字で示した）	年齢	社会情勢
一九一五（大正4）	**東京府豊多摩郡井荻村字上荻二八三番地に、父金之丞、母ステの次男として生まれる**	**0歳**	
一九二四（大正13）	社団法人東京放送局設立（初代総裁・後藤新平）		
一九二五（大正14）	芝浦仮放送所から初のラジオ放送電波発信		
一九二六（大正15）	東京・大阪・名古屋の放送局を統合し、社団法人日本放送協会設立		
一九三六（昭和11）	**早稲田大学専門部商科卒業　日本放送協会入局（経理部主計課配属）**	**21歳**	二・二六事件
一九三七（昭和12）	**千葉県佐倉歩兵第五十七連隊入営**	**22歳**	日中戦争はじまる
一九三八（昭和13）	内幸町放送会館落成		
一九四〇（昭和15）	**復職（報道部配属）**	**25歳**	日独伊三国同盟
一九四一（昭和16）	学徒出陣壮行会中継　**陸軍宣伝班員（マレー半島上陸戦参加）　ペナン放送局長**	**26歳**	太平洋戦争はじまる
一九四五（昭和20）	**終戦の玉音放送にかかわる**	**30歳**	ポツダム宣言受諾
一九四六（昭和21）	「のど自慢素人音楽会」　**実況課長就任　「街頭録音」「尋ね人」**	**31歳**	
一九四七（昭和22）	「鐘の鳴る丘」		
一九四八（昭和23）	**演出課長就任**	**33歳**	極東軍事裁判判決
一九四九（昭和24）	**社会課長就任**	**34歳**	
一九五〇（昭和25）	放送法制定　特殊法人日本放送協会発足		朝鮮戦争はじまる
一九五一（昭和26）	第一回「紅白歌合戦」		サンフランシスコ平和条約
一九五二（昭和27）	「君の名は」　**大阪放送部長就任**	**37歳**	
一九五三（昭和28）	テレビジョン放送開始　**社会部長就任　「時の動き」「映画売春事件」**	**38歳**	朝鮮休戦協定
一九五六（昭和31）	「私の秘密」　**メルボルン・オリンピック放送団長**	**41歳**	国際連合に加盟
一九五七（昭和32）	「日本の素顔」　**札幌中央放送局長就任**	**42歳**	初の人工衛星

一九五九（昭和34）	皇太子・美智子妃殿下のご成婚　**編成局編成総務に就任**	**44歳**	伊勢湾台風
一九六〇（昭和35）	**社会党浅沼委員長刺殺事件**	**45歳**	安保条約反対闘争激化
一九六一（昭和36）	第一回連続テレビ小説「娘と私」はじまる　**芸能局長就任　紅白歌合戦審査委員長**	**46歳**	ベルリンの壁封鎖
一九六二（昭和37）	**第四回イタリア賞コンクール審査委員**	**47歳**	
一九六三（昭和38）	**大河ドラマ「花の生涯」**　初の衛星中継（ケネディ大統領暗殺生中継）		
一九六四（昭和39）	東京オリンピック放送		東海道新幹線運行開始
一九六五（昭和40）	「スタジオ102」開始　**営業局長就任　受信料口座振替開始　理事就任**	**50歳**	日韓基本条約締結
一九六八（昭和43）	**専務理事就任（労務担当）**	**53歳**	川端康成ノーベル文学賞
一九六九（昭和44）	アポロ11号人類初の月面着陸		
一九七一（昭和46）	**日本放送協会退任　NHK交響楽団理事長就任**	**56歳**	
一九七二（昭和47）	浅間山荘事件（空前の長時間中継）		沖縄返還　日中国交回復
一九七三（昭和48）	放送センター、渋谷に移転　**NHKサービスセンター理事長就任**	**58歳**	第一次オイルショック
一九七四（昭和49）	**関東国際カントリークラブ理事長、会長**	**59歳**	ベトナム戦争終結（'75）
一九七六（昭和51）	「NHK特集」はじまる		ロッキード事件
一九七七（昭和52）	**藍綬褒章受章**	**62歳**	
一九七八（昭和53）	宮城沖地震（個人情報を放送）		成田国際空港開港
一九七九（昭和54）	南極大陸から生中継		
一九八〇（昭和55）	NHK特集「シルクロード」はじまる		
一九八一（昭和56）	**日本ゴルフ協会理事**	**66歳**	
一九八二（昭和57）	**前島賞受賞**	**67歳**	
一九八三（昭和58）	連続テレビ小説「おしん」はじまる　**伊豆自然郷（株）代表取締役**	**68歳**	東京ディズニーランド開園
一九八四（昭和59）	衛星放送開始		
一九八五（昭和60）	**恩賜財団済生会理事長就任**	**70歳**	つくば科学博覧会開幕
一九九〇（平成2）	**勲三等旭日中綬章受章**	**75歳**	

や

な

た

さ

か

人名索引

著者紹介

長澤泰治（ながさわ・たいじ）
1915（大正 4）年、東京生まれ。
早稲田大学専門部を卒業。1936（昭和 11）年ＮＨＫに入社。千葉の連隊に入隊、北満に派遣されノモンハン戦線に参加。除隊後、陸軍宣伝班員としてシンガポール攻略戦に従軍する。戦後は実況課長として、「街頭録音」「尋ね人」など視聴者参加番組の先駆けを作る。また社会部長として、「時の動き」「国会中継」「放送討論会」を手がける。その後、札幌中央放送局長を経て、芸能局長に就任。「紅白歌合戦」を育て、大河ドラマを創設、「花の生涯」等を制作。さらに営業局長として受信料収納の責任者となる。理事、専務理事就任後は労務担当として、また経営全般にわたって力を尽くした。役員退任後は、ＮＨＫ交響楽団、ＮＨＫサービスセンター各理事長を歴任、また恩賜財団済生会理事長として社会福祉に貢献した。勲三等旭日中綬章受章。

ＮＨＫと共《とも》に七〇年《ななじゅうねん》　——わが回想《かいそう》の九〇年《きゅうじゅうねん》

2008 年 4 月 30 日　初版第 1 刷発行 ©

著　者　長　澤　泰　治
発行者　藤　原　良　雄
発行所　藤　原　書　店

〒 162-0041　東京都新宿区早稲田鶴巻町 523
電　話　03（5272）0301
ＦＡＸ　03（5272）0450
振　替　00160 - 4 - 17013
info@fujiwara-shoten.co.jp

印刷・製本　図書印刷

落丁本・乱丁本はお取替えいたします
定価はカバーに表示してあります

Printed in Japan
ISBN978-4-89434-624-6